だまされない東北人のために

——地域おこしにニセ物はノー！——

千坂げんぽう　編著

はじめに

かつて竹下内閣の時、国は各自治体に一億円をくばり、それを使って、それぞれの自治体が知恵を絞って地域づくりに役立てることを要請した。しかし、地道に地域の特徴を活かすための活動を行っていなかったほとんどの自治体は、金の延べ棒を展示したり、一時的な話題づくりをしただけで終わってしまった。

時はバブル景気にわいていて、国も地方も国民の大多数が足が地に着いていない浮かれた情況だったと言える。その浮ついた空気の中で、テロ集団オウム真理教が生まれ、地方は地域創生のためにリゾート地を造ろうと躍起になっていた。

このような雰囲気が進歩的かつ新進気鋭の宗教学者と見なされていた中沢新一氏や島田裕巳氏などの目を眩ませたのか、彼らはオウム真理教の反社会性を革新性と捉え擁護する姿勢を取った。江川紹子氏が根気強く取材し『救世主の野望』（教育史料出版会、一九九一年三月）で、オウム真理教の反社会性を解き明かしたのとは真逆の反応であった。

どちらが正しかったかは、一九九一年のバブル崩壊後、一九九五年オウム真理教によるテロが発生し、麻原彰晃が逮捕されたことで明白である。これで一件落着の形を取ったが、バブル景気のアワの中で育った病理は完全に払拭されてはいなかった。

バブル景気の中でマスコミは、その協奏曲をながめているという姿勢が強く、バブル破裂後もその病理を摘抉することなく今に至っている。そのため、当時とは社会状況が異なるかに見えるためか、社会の底辺で静かにしていた病巣が再度大きくなりそうな気配があるにも関わらず、マスコミはそれを見逃していると思われる。

病巣の一つは、当時とは正反対に、地方自治体の消滅などと煽られた危機感である。それと呼応する形で国も地方創生を煽っている。国、県、市町村、マスコミがこぞって経済中心の「地方再生」を合唱している様は、リゾートで騒いでいた時とどこか共通点があると言わねばならない。

過去とは異なった形だが、このような浮ついた時勢で息を吹き返してくるのが、オウム真理教の背景にあったオカルトを持てはやす連中である。オウム真理教は、八幡書店の広報誌的なオカルト雑誌『ムー』を利用して信者を獲得していったことは、原田実氏の『幻想の荒覇吐秘史《あらはばきひし》』（批評社、一九九九年三月）などで明らかにされている。オカルト雑誌は荒唐無稽なものを好むので、ニセ古文書『東日流外三郡誌《つがるそとさんぐんし》』もたびたび取り上げた。

これに対し、上述の原田実氏の他、『季刊邪馬台国』（梓書院）を舞台に安本美典氏、齋藤隆一氏などが緻密な批判をしてきた。また、日本経済新聞に掲載された野村孝彦氏の論文を和田氏がニセ古文書に転載し裁判になり、次第にニセ古文書信奉者は少なくなった。決定的なのは、ニセ古文書を作成した和田喜八郎氏が没し、その家を和田氏の親戚が買い取った後、青森県の**東奥日報記者・斉藤光政氏**が、和田氏の家に入れてもらい見聞したところ、中二階の踊り場にニセ古文書作りをした跡が歴然と残っているのを見たことであった。そして、氏によって**『偽書「東日流外三郡誌」事件』（新人物往来社、二〇〇六年）**が出版された。

これにより、完全にニセ物騒動は収束したと思っていたら、ニセ古文書信奉者が擁護の本を出し、私たちがまとめた『だまされるな東北人』（本の森、一九九八年七月）を批判していることを知った。取るに足らない内容の本であるが、斉藤光政氏の著書が出てから十年も経つと、ほとぼりが冷めた頃を見計らうかのごとく、ニセ物復活をたくらむ本が出てきたことにある種の危機感を感じ、ニセ古文書のでたらめぶりを世に知らしめることにした。

実は、一関市でも学問的に無価値とされる説や和田氏のニセ古文書を利用して、伝説を真の歴史のごとく装い、ニセ博士号を買って舞草刀《もくさとう》なるもので「活躍？」している人がいたり、中世荘園絵図があるために国指定遺跡となった「旧骨寺村」地域（一関市厳美町本寺地区）でオカルト歴史にかぶれた人が自分で施設を造って変な展示をしていたり、まだまだニセ古文書やオカルト史観による影響が払拭できていないのである。

ニセ古文書やオカルト歴史に騙されないためには、一般市民も伝説や文書化されたものを一定程度理解する力が必要である。私はそれを、ニセ科学に対する科学リテラシーにならい、文化リテラシーとよび、多くの人に身につけてほしいと願うものである。

それで、今回はニセ物に対してどう対処すべきかを冒頭に載せ、後段に、北上川流域の伝説、舞草刀、本寺に関わる論文などを載せ、オカルト歴史に利用されやすい伝説や地名について述べた。オカルト的な面白さでなく、地道な研究を踏まえた視点で郷土の様々な要素を分析する面白さを少しでも知って頂ければ幸いである。

なお、地名は合併前のままにしている。その理由は、あとがきに述べているのでご了承願いたい。

千坂　げんぽう

目次

第三部　北上川流域の地名・伝承と水

第四部　「日本刀のルーツ」？　舞草刀の誕生

第五部　本寺地区の地名について

第一部　文化リテラシーの尊重

――ニセ物にだまされずに真の地域おこしを――

千坂　げんぽう

文化リテラシー（Literacy）とは

私は、一関地方で誇るものとして、和算をあげています。

和算は実学でないにも関わらず一関で盛んになったことを私は評価したいのです。町民がある程度の豊かさを持ったときにどういう活動をしたか、それが地域の文化力として問われると考えています。和算が盛んになったのは地域の文化的特徴を示していることで顕彰に値するものです。そういう文化のあり方を現在の各地に、定着させることが大事ではないでしょうか。

それで、最初に「文化リテラシーを尊重する立場から」という話題で、地域おこしの起点となる歴史や歴史的人物の顕彰に必要な対象との向き合い方を述べます。

リテラシーという言葉は、あまり聞いたことがないかもしれません。これは文学・リテラチャーと同じ語源のもので、本来は教養とか読み書きを意味するものなのです。私は英語など地道に学習するものが嫌いだったので、外来語を使いたくないのですが、残念ながら教養とか読み書きというだけでは含まれない内容がありますので、最近はアメリカ発の言葉を、そのまま使わざるを得ません。これから述べる文化リテラシーの元となるのはアメリカ発「科学リテラシー」なのです。

ニセ科学にだまされないための科学リテラシー

まず**左巻建男『水はなんにも知らないよ』（ディスカヴァー携書）**に書いていることを紹介します。一九八九年当時のアメリカは、貧富の差が激しいし、先進的科学分野の発展は目覚ましかったのですが、庶民レベルにはそうした科学的知見が届いていないのです。これではいけないと打ち出されたのが「科学リテラシーの必要性」です。

左巻氏は、日本の状況においては水商売が特に問題だとして、科学リテラシーの重要性を説いています。水商売といっても夜の蝶に関わるものではありません。飲み水です。最近これが特に問題なのです。ニセ科学が蔓延しているからです。

新聞を広げますと、いろんな広告が出てきます。そこにニセ科学に基づく健康食品がたくさん出ています。左巻氏が書いているのは、波動水、磁化水、マイナスイオン水、海洋ウォーター、トルマリンを使った水…などで、一見科学的なことを散りばめて、科学的な裏付けのないものを売って金儲けしようとしている例を提示しています。

ニセ科学を利用しているのは水だけではありません。微生物というと非常に聞こえがいいものですから、何にでも効き目がある微生物のEM菌というのがあると売り込むグループがあります。これについては後でまた述べます。

左巻建男『水はなんにも知らないよ』から

左巻氏の本から『科学リテラシー』について取り上げ紹介します。

科学の分野で科学リテラシーの必要性が叫ばれています。リテラシーという言葉は、もともとは「読み書き能力」を意味しています。科学リテラシーは、その読み書き能力という意味から転じて「身につけることが望ましい科学を理解する力」です。特に科学リテラシーという言葉が世の中に知られるようになったのは、一九八九年に出された『すべてのアメリカ人のための科学』がきっかけです。そこでは、このように書かれています。

「科学リテラシーは、自然科学および社会科学、さらに数学および科学技術に関わるものであるが、種々の側面を持っている。・自然界に親しみ、その統一性を尊重すること　・数学、技術および科学相互の重要な関連の仕方を認識すること　・科学の基本概念と基本原理を理解すること　・科学的な思考方法を取ることができること　・科学、数学、技術が人間の営みであること、その有効さと限界を知っていること　・科学的知識からおよび思考方法を個人的あるいは社会的目的のために用いることができること」

私が左巻氏の指摘を受けて強調したいのは、真の科学的な手法を歴史など人文科学にも当てはめなければいけないということです。

左巻氏は、「アメリカで科学リテラシーが問題になったのは、ほとんどの人にそれが不足しているという危機意識からでした。」と述べていますが、それは日本でも同じなのです。左巻氏の本で指摘していますが、日本の大人の科学リテラシーは深刻な状況です。調査では、日・欧米十七国中、日本は十三位で、科学技術への興味や関心も調査国で最低だそうです。

「しかし、一方で我が国の大人はそれでも科学技術は大切だと思っています。つまり、科学のことは分からないが、科学技術や科学的だとするお上のお墨付きには弱い傾向があるのです。その結果、科学技術関連のものはすんなり受け入れる…」と氏は続けます。つまり、科学関係の税金の使い道については無批判的になりがちで、科学と科学技術には興味や関心が薄いのが日本の大人の現状です。

左巻氏は日本の教育、とりわけ理科教育の問題が大きいと書いています。そして、最後に、大人の科学リテラシー育成を専門としている識者は、ニセ科学がはびこる現状を憂えて、有志たちと一緒にニセ科学フォーラムなどの活動をしていると結んでいます。

カルト的教祖とニセ科学

本屋にはニセ科学の本が儲かるので、ニセ科学の本があふれています。左巻氏の書いた本などは少数派でなかなか手に入りにくい。しかし、情報化の時代ですから、アマゾンなどで中古の本が入手しやすくなっています。ぜひ本物の本を手に入れて科学リテラシーを身につけてほしいのです。これからはニセ科学のはびこる世界を少しでも減らしていくべきでしょう。

金儲けとニセ科学、あるいは宗教とニセ科学を結びつけた本も出回っています。それら胡散臭いものについては、**斎藤貴男著『カルト資本主義』（文春文庫）**を読んで巻き込まれないようにしましょう。

この本では、京セラ・稲盛和夫氏の「盛和塾」が、塾というより新興宗教の教団に近かったこと、オカルトビジネスの船井幸雄氏、カルト集団と批判を浴びるヤマギシ会の実情、「万能」微生物ＥＭ菌と世界救世教の関係…などを詳しく取材し説明しています。稲盛氏は小沢一郎氏とも近い関係にあると述べられています。その関係でしょうか、うちの宗派・臨済宗妙心寺派の寺院の一応弟子になったらしく、僧籍はあるのです。しかし、それを利用して教祖的な振る舞いをするのは問題です。うちの宗派と関係があるからということで、彼のカルト性を見過ごしてはいけないのです。

権威主義を利用するニセ科学　―ＥＭ菌―

それから、「万能」微生物ＥＭはまさに〝だまし〟の二原則、〝権威主義〟、〝希少性〟のうちの権威主義を全面的に利用しています。琉球大学の教授だった比嘉照夫さんという方が万能の微生物・ＥＭ菌というのをつくったということで宣伝しています。科学の世界で、環境などの条件が違うのに、どこの地域でも同様に最高の役割を果たす微生物があるなどというのは非科学的です。王道はないのです。

微生物の研究誌などで情報を求めますと、真面目に、それぞれの地域の土壌に棲む微生物を分析し、地域に多い微生物を団子状にして富栄養化した沼に投じて、水の浄化をしている例などが分かります。

一関の土壌中の微生物と、首都圏の土壌中の微生物はその種類などが違うのが当たり前です。ですから、その地域の微生物をどう組み合わせたら有効かなど各地域で研究者はすでに考え実践しているのです。

比嘉さんは沖縄の人ですから、沖縄で有効なものをあるいは発見したのかもしれません。

ところが、国立大学の先生がやったことだから間違いないとして宣伝するだけで、その科学的な内容は明らかにされていないのです。国立大学、今は独立法人になっていますが、一体「国立大学」の先生はいくらいるのでしょう。現役で何万人、退職した人を含めると何十万人いるか分からないくらい多い。したがって、ピンからキリまでいるわけです。だから、そういう「国立」の状況を踏まえないで、国が保障した人だから大丈夫間違いないとPRすること自体おかしなことなのです。

樹木葬でも「うろつく」怪しい人々

私のところにも、こういう権威をひっきりなしに口にする人が来たことがあります。樹木葬を始めたいとのことでした。北海道のビールをPRする施設で、自分が活躍した記事が載った新聞切り抜きを持ってきたのです。人前で話し慣れているから調子はいいのです。私が「樹木葬は、生態系をしっかり理解したうえで実践しないとだめですよ。」と言ったところ、北海道大学名誉教授の○○さんとか、四～五人の肩書きがある学者の名前を出して、これらの方も協力しますから大丈夫と言うのです。

彼のように自分が勉強して頑張りますと言うのでなく、権威がありそうな人を並べて自分はこれらの人と昵懇だから大丈夫と言う人はほとんどニセ物です。そういう人はただ金儲けのため、世慣れていない学者を利用しているだけなのです。

その方はその後どうしたかというと、行政や地元の人々と十分な交渉もせず、「樹木葬墓地」なるものを始めますとマスコミにPRしたのです。宗教法人でも墓地の認可を取るのが難しいのに、NPO法人で取ろうとしたのです。契約者を多く集めてその実績で認可を取ろうとしたのでしょう。オウム真理教の問題以来、墓地の許可は難しくなり、地元住民の了承を得ないと行政は許可しないのです。

当然墓地は許可されませんでした。そこでどうしたかというと、そこへ散骨しますと方針を変えたのです。もともと、散骨というのは住民に迷惑がかからない海洋に、しかも砂粒くらいに細かく火葬骨を砕いて撒けば法律違反にはならないとかっての厚生労働省が出した見解にすぎず、法律的に完全に認められたものではないのです。住居近くに撒けば当然近くの人は嫌悪感を抱きます。したがって北海道長沼町では住民の猛烈な反対運動がおき、条例で散骨を禁止するということになりました。

禁止が決まった後で、そこに私は見に行きました。そうしましたら、松の木の根元にごろっと人骨と分かる状態で置かれているのです。そして、禁止された直後、毎年札幌で行っている樹木葬契約者との触れ合いの会（講演と法要も兼ねています）でひどいことがおきました。あなたの始めた樹木葬を信用して長沼町の「墓地」にお金を出したのにお金が返ってこないと、講演会に参加した人から質問を受けたのです。なんか私にも罪があるのではないかと言うのです。

ですから、私は言いました。私は樹木葬と名付けた本人ですが、商標登録しなかったために、誰でも勝手に名称を使える状況です。本当に樹木葬に関心があれば、まず私に問い合わせるのが普通でしょう。「樹木葬」が有名になったので、有名だから間違いないと思うのがおかしい。高いお金を払うのですから、自分でしっかり調査して決めるべきでしょう。そういう旨の返答をしたのです。この例に見られる権威を必要以上にちらつかせる人は、やはりどこかおかしいと思って下さい。

文化リテラシー不足？　ニセ古文書にだまされた学者

それから、一般人が権威と思っている学者もかなりひどい過ちを犯すことを知って下さい。国立大学の学長をした方が、たわいもないニセの古文書にだまされたのです。

これは私が出した本、『だまされるな東北人』（本の森）に関係することです。『東日流外三郡誌《つがるそとさんぐんし》』というニセ古文書に歴史学者でA大学の学長までした方がだまされたのです。ニセの古文書を書いた人は、もう亡くなって十五年になります。

大学の学長までした専門家がだまされた原因は〝稀少性〟です。研究者は自分が考えている証拠がほしいわけです。そこをニセ古文書の作者はつくのです。特に古代史は文献資料が少ないので、必然的に自分の考えていることを証明するものを使いたくなる。

東北の古代史に功績を残した方なのでしょうが、質の悪いニセ古文書にだまされたのは「専門バカ」と言われてもしようがない。これは今回、私が言おうとする、文化リテラシー不足なのです。あるいは雑学不足と言っても良いでしょう。文化全般に向かい合う基本的姿勢を私は文化リテラシーと呼ぶことにします。

インターネット時代の落とし穴

資料が少ない古代史とは反対に、雑学的な知識が簡単に手に入るインターネット時代の弊害も最近は目立ってきました。ある地名に関する文庫本タイプの本を買ったら、かなりいい加減なのが分かったのです。今は地名についての累積した知識があります。したがって地名の辞書を引いて、この地名はこういう地形からつけられたとおおよそは分かるわけです。

例えば、私どもが自然再生に取り組んでいる地区・達古袋《たっこたい》の達古は、タッコというポコンとした小さな山を指すアイヌ語地名です。普通は田子と漢字表記する場合が多いのです。なぜこの標記が多いかというと書きやすいからです。画数が少ないです。

だまされていけないのは、さっきの権威主義と同じなのですが、漢字で書かれると、漢字そのものが意味を持っていますからその意味に振り回されてしまい勝ちなことです。

特に危ないのは近年の合併に際し、もともとなかった地名をつくってしまうことです。造語にも関わらず、現実に存在する地名と同じ意味を持つ場合があります。私が見た地名の本の作者は、合併の事実を知らないで、地名の由来を説明しているのです。若い研究者でしたから、インターネットなどで要領よく情報を集めたのでしょうが、現地のことを本当はまったく知らないのだと、すぐばれてしまうのです。

現地を見ないで分かったようなことを書く「利口な」人も、文化リテラシーが欠けていると言わざるを得ません。

一関の語源でも文化リテラシー不足が

一関に関する地名の由来でも文化リテラシー不足でずいぶんいい加減な説が多い。まじめに研究しようとした地方史研究者のTさんは、一所懸命一関の地名由来について調査していたので私は口を出しませんでした。しかし、従来の俗説に惑わされて、一関に関所があったかどうかをまじめに論じたのです。

ところが、雑学的知識、文化リテラシーがあるとこれぐらいばかばかしいことはない。なぜかというと、一関という地名は全国的なもので性質が決まっているからです。

例えば、近くでは江刺市（現奥州市だが以下すべて旧地名で示す）の広瀬川流域に、いまだに「一の関」、「二の関」、「三の関」、しかも、ご丁寧に「関の下」まで、みごとに約一㎞間隔で並んであります。川をせき止めた堰が上流から一、二、三とあるのです。日本人はそういう地名を表記するときに書きやすい字を選びますから、漢字の意味は実態とは関係ないのです。

中国人が使う場合は、「門」で人間を止めるのが「関」、「土」で水を止めるのは「堰」と使い分けるのですが、漢字を中国から借りた日本人は「セキ」という発音だけが必要なので、書きやすい漢字を音に当てはめて使うのです。先祖がどう漢字と向き合ってきたかという日本語の歴史、これも文化リテラシーといえますが、それを持っていないと変な方向に行ってしまいます。

地名漢字表記の歴史

それから地名に関するもう一つの文化リテラシーも知るべきです。大和朝廷は、和銅六年（七一三）、『風土記』を編纂するに際し、法律を出して、今まで表記していた地名漢字はあまり良い字を使っていないので、中国風に二字の「佳字」即ち見栄えの良い字を使えと命令を出したのです。ふつう「好字二字令」といわれます。これは中国に対する意識があって行ったことです。

中国の文化を学び交流してきた日本は、自分たちの国名を、自分たちという意味の「ワ」として中国に伝えていたわけです。それを踏まえて、中国人が「倭」という漢字表記を当てたのですが、日本人も次第に漢字の意味を理解してくるわけです。なにしろ「倭」は背が曲がっている人という意味ですから。そこで持統天皇あたりから「日本」という表記に変えた。しかし、この漢字表記は中国人に対するものですから、「ニホン」と呼んでも「ニッポン」と発音してもかまわないというか、自分たちでは使う必要性がなかったのです。

このような地名表記の変化で、地方でも本来の地名の意味が分からなくなってきています。例えば東北地方にも多い地名ですけれども、一関市では北上川沿いの平泉との境、舞草《もくさ》に「梅木《うめき》」という地名があります。もともとこの梅木は、正しい意味と合う漢字を書けば「埋処」とでもなるのでしょうか。木というのは当て字で、和語で場所を意味します。梅は「埋まった」という意味ですから、がけ崩れで埋まった場所が「梅木」なのです。人工的に埋めたて水田にする場合もあります。これは大阪の梅田などがあたります。

ニセ古文書を見破るには文化リテラシーを

こういう基本的なこと、文化リテラシーを持たないとA大学の学長さんみたいに、ろくでもないニセの古文書にだまされてしまう。ニセの古文書『東日流外三郡誌』は、これをパラパラとめくると、アテルイの関係で水沢や江刺の地名がたくさん出てくるのです。ところが、江戸時代になかった地名が結構出てくる。昭和二十年代に合併してつくられた新しい地名をニセ古文書は載せているのです。ですから昭和二十年以降に書かれたニセ古文書だとすぐ分かるわけです。ところが、何か自分の説を補強するものはないか、そういうものが「ほしい、ほしい」と情報に飢えていると、ニセ物にはまってしまう。

もう少し幅広く、いろいろな教養を持たないと危ないのです。学問する上でも生活上でも、ニセ科学やニセ古文書にだまされないためにどうしたらいいか、そのためには、まず、しっかりと科学リテラシーと文化リテラシーを身につけることが必要なのです。

国の推薦する委員の資質は？

その実例として岩波書店発行の『科学』二〇〇九年二月号の活断層の特集から、科学リテラシーの大事さを紹介します。

まず、リニアメントという三十年ほど前盛んだった手法を紹介します。その手法は、誤解を恐れず簡単にいうと、高低差を表している二万五千分の一の地図で、直線になっている所を見つけて線を引き、ある地点で角度が変わり別の直線になる地形を見ることによって、活断層があるかどうか探す手法です。ところが、最近は地層を調べる機械の発達でリニアメントでは誤りが多いことが分かり、地図の見方も地形の撓《たわ》み（撓曲《とうきょく》）で判断する変動地形学的手法が一般的になっています。学問も日進月歩なのです。

ところが、政府が原発に関してアセスメントを行うときには、こういう先進の学問分野の人を委嘱しないのです。〇〇大学名誉教授など、過去のリニアメント手法での判読にこだわる古い人を委員にするのです。一九八五年にできた土木学会、原子力委員会の報告書があるのですが、これはリニアメントの手法を採用しているわけです。

ですから、敦賀原発や大間原発は古い手法で大丈夫な地質とされていますが、変動地形学的手法では活断層があることは明確だとしています。しかし、政府は古い手法での調査を盾に、活断層の存在を認めないわけです、都合が悪いから。多分、地震がおきたら後追い発表して弁解すれば良いと考えているのでしょう。そのときは、さしずめ「当時の知見では誤りはなかった。」と強弁するのでしょう。

国推薦の専門家だけには任せられない

福島原発では、民主党の対応もだらしなかったけれども、もともと自民党長期政権がつくった問題なのです。そして、その原因は私たちにもあるのです。一般人は、科学のことは分からないので専門家に任せておけば良いとしてきたのではないでしょうか。ですから、私たち市民も科学リテラシーを身につけるべきなのです。そういう立場に協力する先生もいらっしゃるわけですから。人任せにしないで、市民一人一人が自分の頭で判断できることが求められます。

一関にしたって、どういう成り立ちの大地と人々の歴史を持つのかをわきまえて一関の活性化や地域おこしをしなくてはなりません。先日、子供を車に乗せたまま、夫婦が道端におりてユリらしきものを掘っているのです。時間がないので通りすぎましたが悲しい出来事でした。ユリ科の植物をはじめ、たいていの山野草は土壌とのバランス、土壌の中にいる菌・菌根菌と共生しています。その菌との相性が悪い土壌に盗掘して持ってきても育たないわけです。そういうことを大人に知らしめて、豊かな日本の生態系を台無しにしてはいけないことを教えていかなければならない。種《たね》を取ってきて山野草を増やそうという試みは良いけれど、根こそぎ持ってきてはまずいのです。

それから、国や地方自治体の委員会にも問題があります。私も依頼され岩手県の川の委員を経験したことがあります。そこでもI大学の名誉教授を入れていたのです。この方はさっきのリニアメントの問題と同様古い考えを固守している人で、生態系についての新しい知見を受け入れないのです。ですから、この人は、川辺に生えている大きなニセアカシアも景観の一部になっているから切るべきでないと言うのです。しかし、この木があるために下流でニセアカシアが大変増えているのです。日本在来の素晴らしい植生と景観を台無しにしているのです。

景観や生態系を理解しない人を行政はあえて残すのです、都合がいいからです。かつては、法面《のりめん》の補強にニセアカシアなどを植えることを推進した学者と行政ですから、それを否定されるのがいやなのかもしれません。しかし、過ちは直すべきです。私みたいな、うるさい人間だけが問題を指摘しただけでは世の中は変わりません。みんなが「良くないよ」と言い出せば行政も変わらざるを得なくなります。

久保川イーハトーブ世界の素晴らしさ

「久保川イーハトーブ世界」つまり旧達古袋村を中心とする地域は、日本ユネスコ協会連盟の「第一回プロジェクト未来遺産」に登録されました。

また、平成二十七年十二月十八日には、環境省が全国から五百カ所選定した生物多様性保全上重要な里地里山（略称・重要里地里山）に地域名「久保川イーハトーブ世界」として選定されました。

ここでは毎年秋になると、外来種のセイタカアワダチソウを知勝院の職員で抜き取っています。一年間に四トンから六トン抜き取るのです。十五年も続けました。それであの毒々しい黄色が大分少なくなりました。ですから、生態系に敏感な先生方は久保川イーハトーブ世界に来ると、「どこに行っても黄色いセイタカアワダチソウが目に入るけれども、ここはない。」と感激するのです。いたる所であふれている外来種がここにはなくてホッとすると言います。本当にさもないことですが、そういうことが人を魅了するのです。

しかし、それだけではなく生態系の豊かさがもともと久保川イーハトーブ世界にはあったわけです。きっかけとしてはコツコツここ十五年間やってきた外来種を抜き取るという地味な仕事ですけれども、その中で在来種の豊かさを教えられたのです。

ニセ学位

次に、コツコツ実践して地域の豊かさを知り発信するのとは正反対の、ニセ学位についてお話しします。お金を出すとアメリカの大学の学位と称するものを発行する会社がありますす。つまり「株式会社何々大学」というべきものです。これも文化リテラシーを身につけていないとだまされます。

そのニセ学位状には、国務長官などの名前が列挙してあるのです。しかし、アメリカの大学は日本と異なり国が監視している体制ではないのです。大学間でお互いに機構をつくり資格認定をしているのです。現在、日本の文部科学省も良いか悪いかは別にして、アメリカ機構の一部を見習おうとしています。そういうことを知らないで、米国の大臣が保障しているから（実際は株式会社であることを証明しているだけ）本物の学位に間違いないと考える日本人が多いのです。それはお上に弱い日本人的特徴でしょう。

古文書も内容の吟味を

一関で問題になるのは舞草刀《もくさとう》です。とくに問題になるのは重要文化財になっている刀鍛冶の系譜をまとめた『観智院本』（これについては第四部の加藤三穂氏との対談参照）の評価です。これは刀鍛冶の歴史を刻んだものですから、貴重なものとして重要文化財になっています。しかし、自分たち刀鍛冶の伝統を誇示するために作ったものですから、その内容の客観性はかなり厳密に検討しなければなりません。

現に国が作った『日本書記』では、そこに載る事実について非常に詳しい分析が進んでいるのです。発掘調査や中国の文献とも照らし合わせて、書いた人も大体想定されてきているのです。ですから聖徳太子はいなかった（モデルはいたがそれを象徴化したという意味で）という話にもなっているのです。

書かれたものは、必ずしも客観的な事実だけを載せず、書いた人の立場に都合良いように脚色されることは当然なのです。刀鍛冶の歴史を刻んだ『観智院本』もかなり後世の脚色が施されていることが明らかにされています。

舞草刀という記載も一部の写本に記されているようですが、後世、何者かが追記したのかも知れません。**『観智院本』の内容の客観性さえ疑われているのに、それに基づいて一方的に「舞草刀は日本刀のルーツだ」と言っても誰も相手にしません。**

偏狭な郷土愛は捨てよう

郷土愛は偏狭になりやすく、舞草刀について都合が悪いことを聞きたくないという思いがどうしても出てきやすいでしょう。しかし、学問的な分野で日本刀のルーツだとする舞草刀の主張は問題にされていません。悪いけれども、これはだまされたのでしょう。一関市博物館は数千万円をかけて刀剣を買ったのです。多くの専門家の話を聞かず、少数の説のみを取り上げ、舞草刀を吹聴する人だけを信じて顕彰を進めていく…、これは学問的でなく、博物館にふさわしくないものです。私たち一関人は反省すべきです。これも文化リテラシーの問題です。

「日本刀のルーツ舞草刀」を信じている人は、『観智院本』を客観的に分析できる人を呼んで議論すべきです。文化リテラシーを尊重する立場では、歴史でも分析的、批判的態度を尊重します。そうでなければ真の科学的な研究とはいえないと思います。

一関での漢字表記の特徴

一関の地名について前に触れていますが、久保川イーハトーブ世界・達古袋についてもう一度述べておきます。達古袋の「タッコ」はアイヌ語地名でポコンとした小さな山でした。「タイ」はやはりアイヌ語地名で木の生えている処を指します。普通はタッコは「田子」、タイは「平」と書きます。一関ではわざわざ難しい字を選んでいるのです。

「ドウメキ」という地名も全国各地にあります。普通は水がトウトウと流れているから、十十で、十かける十は百なので、場所を意味する古い言葉「キ」をつけて、百目木《どうめき》とするのです。ところが花泉のドウメキは動目記と表記します。一関では藩校が早くに成立するなどしたため、あえて難しい漢字表記を選ぶ文化的特徴があったのではないかと私は想定しています。

タッコでは田沢湖の辰子姫が面白い展開をしています。元々は田沢湖のほとりにある小さな山タッコからくる水の恵みを顕彰するうちに、タッコを辰子と表記したために、辰子姫の伝説を作ったのです。伝説もどういう原因でこうなったかを考える、疑問を持つということは人文科学でも、自然科学でも同じではないかと思うのです。すべてに疑問を持たなければだめだと思います。

一関市博物館に求められるもの

偏狭な郷土愛は科学的な思考とは無縁です。無理やり反対意見を無視して政治力で舞草刀は日本刀のルーツだと言っても一人よがりの宣伝になってしまいます。刀剣界から相手にされない舞草刀は博物館の恥でしかありません。博物館では、学芸員が一所懸命活動し、いい本も出していますから、そういう面では応援します。しかし、私は舞草刀が日本刀のルーツとして展示されている以上、死ぬまで博物館に入らないと明言しています。

真っ当な人と議論しないで、自分たちの都合の良い人たちだけで狭い世界をつくるのはカルトと同じです。カルトというのは、いろんな情報を遮って個人の判断能力を失わせる団体です。例えば創価学会もフランスではカルト宗教に入れられていました。オウム真理教や統一教会の洗脳はカルトの典型的なものです。そういう傾向を一関の文化土壌に定着させたくはありません。そのために科学リテラシーにとどまらず、**人文科学、社会科学を含めた「文化リテラシー」の必要性を提起したい**のです。

世界遺産に求められるもの

一関市が市政の二本柱の一つとしている平泉観光との関連で、世界遺産について簡単に触れます。世界遺産に平泉がなったことは喜ばしいことですが、実はこのままでは取り消しになるかもしれないという辛口のコメントを述べます。

その理由の一つとして、無量光院跡から見える高圧線の鉄塔の存在があります。ああいう鉄塔が見える景観、あるいは町中に張り巡らされている電線、外来種ばかりの町中の生態系、せっかくの観自在王院跡の池もウシガエルとアメリカザリガニ、太田川もコンクリートの護岸で自然の豊かさが感じられません。それらについて適切な対応をしなければ早晩取り消しとなるかもしれません。

なぜなら、ユネスコの諮問機関・イコモスは自然と文化の融合を重視しているからです。

日本のマスコミはご祝儀相場で良い面だけを取り上げています。しかし、文化遺産の取り消しになったドレスデン・エルベ峡谷は、観光用の橋を作ったから取り消しになりました。そういうほかの例を見て、他山の石とすべきなのです。とにかく自分のところだけを褒める一方的な言い方をするとカルト的になりますので、悪いところは悪いとしっかり見つめ発言していくことが大事でしょう。

マスコミの評価は？

そういう意味で安藤昌益を取り上げます。安藤昌益は、アメリカ人の学者が農業中心の世界観を封建的な制約の中で確立したことを評価して有名になりました。それを受け、地元青森県で顕彰する動きとなったのです。しかし、一方、東北大学の浅野裕一教授が安藤昌益の思想は、単に中国の農家思想の焼き写しにすぎない旨を述べています。儒家、道家、墨家、縦横家などの諸子百家の一つに農家というのもあったのです。

安藤昌益は庶民の救済実践では問題になりません。実践面からいえば、庶民の飢餓対策を実際に行った一関の生んだ偉人・建部清庵がもっと評価されてしかるべきと思うのです。このようにあらゆる面で比較検証することが大事なのです。

安藤昌益の場合はアメリカ人が評価したので、マスコミが大きく報道して世に知られることになりました。このようにマスコミの力は強いので、マスコミとどう付き合うかは慎重になる必要があります。マスコミもいろいろ誤りを繰り返しているからです。

宗教でいえば、オウム真理教でマスコミはつまずきました。早くから江川紹子さんが本（一九九一年三月『救世主の野望』教育史料出版会）を出してその危険性を明らかにしていたのに、マスコミは真剣に受けとめないで、ややおもしろ半分に報道していました。その四年後です。あのサリン事件（一九九五年三月二十日）が発生したのは。江川さんが詳しく調査発表しているのに、その本を読んだ宗教人もほとんどいなかったのではないでしょうか。

どうもまじめな本は売れないのです。たぶん『カルト資本主義』もそういう種類かもしれません。どうしてもそういう本に、市民はたどり着かないのです。ですから、みんなで、真実を指摘している本をしっかり読もうとさそい合い、ニセ科学に振り回されないようにしましょう。

私が始めた樹木葬墓地も、マスコミは新奇なものとして受けとめ報道しています。もう十八年も経ったので、私の墓地については報道せず、新しく造った各地の「樹木葬墓地」なるものを報道するのですが、その地で取材する記者は、ほとんど一関に来て取材していないのです。したがって、私の主旨と異なり、生態系を無視しているそれら亜流の「樹木葬」墓地を、私の始めた樹木葬と同じだと考えているのです。

また、亜流は墓地がある土地の自然環境や永遠性とのつながりをほとんど考えていないのです。墓地の歴史を振り返ると、庶民に生活の安定が訪れてから墓地が一般化していることが分かります。したがって、生活との関わりで家の永遠性が意識されてから現代につながる墓地が造られてきたことが分かるのです。ところが今、社会的に家が揺らいでいます。新しい墓地の考え方が必要とされていると思うのですが、残念ながら宗教界は保守的なので、なかなかそういう問題を取り上げません。

文化リテラシー尊重が真の地域おこしにつながる

一関の樹木葬墓地は、トップランナーなので、墓地の持つ地域の自然と持続可能性即ち永遠性との関係を追究しながら実践に取り組んでいます。そこで行われている自然再生事業も次第に認められ、多くの研究者が注目するようになりました。これも多くの仲間と市民運動を通して培ってきた雑学、すなわち文化リテラシーが私たちに身についてきたからと思っています。

皆さんも、ぜひ、文化リテラシーを身につけ、それぞれの郷土を、特色ある文化と豊かな生態系に恵まれた地域にしていただきたいと思います。

※　第一部は、二〇一一年七月二十三日、ＮＰＯ法人一関文化会議所に招聘されて講演したものを若干手直ししたものです。

第二部

ニセ古文書『東日流《つがる》外三郡誌《そとさんぐんし》』

――擁護者の認識不足――

齋藤隆一 VS 千坂げんぽう

ニセ古文書擁護者の認識不足をめぐって

千坂げんぽう　昨年(二〇一五)一月に青森県の北方新社から出版された三上靖介著『日本・津軽・岩木の地名散策』という本に、以前私たちが関わった『だまされるな東北人』(本の森・一九九八)に対する批判が載せられています。このまま放置しておいてはいけないので、『東日流外三郡誌』偽書論争に詳しい齋藤さんとの対談を再度企画しました。この本を読んでの、齋藤さんの感想はいかがですか。

齋藤隆一　『だまされるな東北人』の取材を兼ねて、千坂先生と津軽へご一緒した日々を思い出します。

『日本・津軽・岩木の地名散策』への反論は、そのほとんどが『だまされるな東北人』にすでに書かれていることです。三上靖介氏はそれをまったく理解していないのだと思います。

三上靖介氏は、私たちが訪ねた津軽の人々をまったく無視し、『東日流外三郡誌』(以下、和田喜八郎氏のもとから出た関連文書も含めて『東日流誌』とする。三上靖介氏の記す和田家文書も含む）を信じている人たちに会って聞いた話だけを載せているので、『だまされるな東北人』とは正反対の立場で書かれていることが分かります。

千坂　三上靖介氏は弘前市の人なので、『東日流誌』出現の地元津軽人だけあって、当時の地元の誇りといった記憶が残っているのでしょう。だから、なかなか偽書説を受け入れられないのだと思います。いくら学問的に説明しても、自分の考えが正しいと思い込んでいる人ですから、ニセ古文書に対する批判もはじめから客観的にとらえるつもりがないんですね。

齋藤　そうですね。三上靖介氏の場合もこれまで真作と信じた人と同様に、疑問点より自分の望んだ『東日流誌』の文章のほうに重点を置き、自分の探求の裏付けや補完に役立つから真作だと思い込んでしまう。『東日流誌』は前後の脈絡も見境なしに書きまくった「文書《もんじょ》」ですから、その文章の中から自分の説に合った部分を見つけることは、根気よく探せばそう難しくはありません。それが重なれば深く信じてしまい、和田氏が偽作したと主張する人たちは間違いだと思うようになります。心理学でいう「確証バイアス（偏見）」の典型的な例ですね。

千坂　三上靖介氏は『東日流誌』を信じながらも、所有者だった故和田喜八郎氏に対して、

「偽作」ではなく「書き過ぎ」「勇み筆」などと表現しているところが面白いのですね。『東日流誌』が黒ではなくグレーだとしながら、そのグレーなものを、自分に都合の良い文章だけ「白」だと決めつけて、本来のテーマである地名の理解に引用しています。

齋藤　グレーな史料を引用する場合は、充分な「史料批判」を伴わなければ、本人は大まじめで書いても、学問的評価は得られないでしょう。まして多くの学者や研究者が偽書と認識している『東日流誌』に関してはなおさらです。そういう意味では、いまだに藤本版『東日流外三郡誌』や和田家資料を販売し続けている北方新社だから、『東日流誌』に価値ありとした『日本・津軽・岩木の地名散策』を本にしたのだと思います。

千坂　その本の中で、三上氏は『日本書紀』を異常に敵視して「偽書」扱いしています。『東日流誌』が偽書なら『日本書紀』も偽書だと、両者を同列に扱っていますが、認識不足も甚だしいですね。

齋藤　三上氏は『日本・津軽・岩木の地名散策』の「あとがき」に「私は充分な知識もないままに地名から日本国の成立を調べてみたいと考えて取りかかったところ、どうしても和田家文書（東日流外三郡誌を含む）に目を通さざるを得なくなり、部分的にではあるが正史とされる日本書紀にも目を通すことになった」と書いています。

これは学術書にまだよく精通していないビギナー研究者によくありがちな執筆態度ですね。「どうしても」の事情は知りませんが、和田家文書などに安易に頼った時点で、すでに学術的研究の道から外れています。そして『日本書紀』に書かれていないことが『東日流誌』にはたくさん書かれている。だから『日本書紀』は文献的に不完全だと思ってしまうのでしょう。

千坂　そもそも『日本書紀』と『東日流誌』が史料的に並び立つと考える専門家などいません。『東日流誌』は江戸期に集めたというふれこみですが、他の史料から裏付けも取れないし創作した記事を大量に書き連ねた文書です。一方他の史料からも裏付けの取れる記事をたくさん含んだ『日本書紀』が史料文献として並び立つと考えるのは、書誌学を知らない非学問的な主張ですね。

齋藤　それなのに、三上氏は『東日流誌』の出現に対して「日本書紀を絶対視して我が国における唯一の正史であると教育を受けてきた人々にとっては、度肝を抜かれる思いであったろう」と述べています。『東日流誌』に対する強い思い入れが窺えます。しかしまったくの認識不足ですね。戦前の思想統制下ならともかく、今の歴史研究家に『日本書紀』を絶対視している人なんていないでしょう。

多くの『日本書紀』研究会が、学者からアマチュアまで、今も研究を続けていることを、三上氏は知らないのです。

千坂 そうですね。『日本書紀』の述作者は誰かということも色々な学者が問題を提起していいます。森博達氏は『日本書紀の謎を解く』（中公新書・一九九九）で国語学の立場から複数の人をあげ作成過程を述べていますし、日本古代史では、大宝二年（七〇二）に入唐した道慈の関わりが大きく取り上げられています。私たち仏教徒が特別視してきた聖徳太子像についても、道慈の関与が想定され、かなり議論がおきているのです。

齋藤 まったくその通りです。

研究の成果は論争によって淘汰され、多くの識者の納得のうえで定説となるのですから、絶対視しているのなら、誰も論争なんてしないはずです。

それに『東日流誌』が出現したときも、度肝を抜かれた学者などいなかったと思います。最初の『東日流誌』である『市浦村史資料編』（一九七五）が出たとき、その内容の一部に注目した人が何人かはいましたが、その内容の杜撰さに、多くの歴史学者は史料としては使えないと、読みかけの途中で放り出したと聞いています。

史料批判よりもウソかもしれない中味で勝負のニセ古文書擁護者

千坂　故古田武彦氏だけは『真実の東北王朝』（駸々堂出版・一九九〇）で最初から積極的に『東日流誌』を絶賛していますね。

齋藤　古田武彦氏が本格的に『東日流誌』を学問の場へ持ち込んで来ても、誰も呆れて相手にしなかったから、安本美典氏が待ったをかけたのです。

千坂　安本美典氏は、古田武彦氏との「邪馬台国論争」が有名なので、二人は天敵のように言われていますが、学問的に「おかしなこと」に対して、安本氏はこれまでも積極的に数々の批判をしてきましたね。

齋藤　そうです。「日本語のタミル語起源」や「万葉集は韓国語で解ける」「箸墓は卑弥呼の墓」などが話題になる度、検証して批判反論していますから、三上氏が述べる、安本氏が古田氏に共闘を申し入れて拒否されたのが対立の原因で、それがなかったら二人の『東日流誌』論争があったかどうかなどという見解は、古田氏の偏見に満ちた情報を、一方的に信じてしまった結果でしょう。

安本氏は現在も「古代年代遡上論《そじょう》」や、多くの考古学者の主張する「邪馬台国大和説」に対して、大量のデータを提示して批判反論していますから、もしそれが古田氏以外の場合でも、『東日流誌』を学問の場に出した時点で、論争は勃発していたと思います。そこを三上氏は、知識不足ゆえに読み誤っています。

千坂　三上氏がなぜ偽書といわれている『東日流誌』を、積極的に著作に取り入れたのか、その動機が書かれていませんね。普通いくら内容的に役立ちそうだと思っても、史料としては、避けるのではないでしょうか。しかし、さほどの論拠も無しに擁護しているところから、どうも最初から『東日流誌』を信じて擁護論を書きたかった気がします。そのために、たくさんの偽書に関する生の声が詰まった『だまされるな東北人』をも批判したのではないでしょうか。

齋藤　そうですね。三上氏は「偽書の定義について、著者名云々、製作の時期云々、製作目的がどうの等の七面倒くさい小理屈が見られるが、私にとってそんなことはどうでもよいことで、要は中味で勝負である」などと乱暴なことを書いていますが、**基本的な史料批判情報を「面倒くさい小理屈」と切り捨てて、嘘かもしれない中味で勝負**なら、本人は真面目な研究書のつもりでも、主観的見解を記したエッセイと変わりありません。

事実「内容によってこの部分は真実かなと思う箇所があれば、セミノンフィクション（真偽半々書）扱いとしている」と述べていますので、三上氏が自分で真実だと思ったものは真実と判断して、『東日流誌』の半分は真実だとしているのです。それなのに『だまされるな東北人』批判では、誤字などを挙げ連ねるだけで、中味の勝負をしていません。そのような著作に、内容的にも偽書の根拠をたくさん述べている『だまされるな東北人』を批判されるのは、本当に不本意です。

千坂　三上氏は「偽書論の大半は和田の言動に対する批判であると言っても過言ではない」と書いていますが、かなりの頁を内容論に割いている『東日流外三郡誌「偽書」の証明』（廣済堂出版・一九九四）などには目を通していないか、故意に無視していると思えます。

齋藤　私がかなり内容論を書いている『季刊邪馬台国』（梓書院）も、三上氏は誤記を批判していますが、内容論は避けています。『日本・津軽・岩木の地名散策』の本文では、ニセ古文書批判をしている斉藤光政氏の『偽書「東日流外三郡誌」事件』（新人物往来社・二〇〇六）を参考文献に挙げてないなど、不審な点はありますね。内容で勝負と言いながら、内容論に言及すれば真作論は不利になりますから、そこは避けて通ることにしたのでしょう。

ところで和田氏の言動に対する批判へのクレームは的外れです。真偽論を展開するうえで和田喜八郎氏の存在は避けて通れません。それなのに和田氏の「文書」を使って著作を出した佐藤堅瑞氏らの「和田には書けない」という言などを載せています。内容で勝負と言いながら一貫性がありません。

和田氏を過小評価する真作説者

千坂　これは以前から論じられていることですが、和田喜八郎氏を浅くしか知らない人が、あの内容の文書は書けないと主張していますね。真作説に都合良く和田氏を過小評価しています。

齋藤　和田氏は青年の頃から郷土史、仏教、修験などにのめり込み、知識を蓄積してきましたから、一緒に住んでいた兄弟や身近な親戚の人々が「これは喜八郎が書いたものだ」と証言しているのを軽んじることはできません。

ところが和田氏は『北鑑』を、古田氏の前でわざと「ほっかん」などと言うものですから、古田氏は「きたかがみと読むのだ」と教えて、和田氏には読める知識がないと思い込んでしまいます。和田氏はとっくにご承知で、古田氏は術中にはまってしまうのです。『北鑑』は『吾妻鏡』をパロってつけられた題名で、和田氏にはそのくらいの知識が充分にありました。

千坂　三上氏は内容で勝負と述べながら、『だまされるな東北人』などの誤記や変換ミスを俎上に乗せて、和田家文書の誤字や癖字や記述の矛盾を「どっちもどっち、一・二がつけられない」などと書いています。もちろん校正の不備は反省しなければなりませんが、本質的な内容にほとんど影響の無いことを、重箱の隅を突くように熱心に探している執念には、偽作説書の評価を落としたいという意図を感じます。しかし、ここまでレベルが落ちると、まともに反論するのが馬鹿らしくなってしまいますね。

齋藤　この方法は三上氏以前にも、何人もの『東日流誌』真作説者がやっていますから、進歩がないですね。内容的な反論に窮すると、その著作そのものの評価を下げる手段に出る、反則技です。これは私が『季刊邪馬台国』に書くと、誤記を見つけては「古田史学会報」などで、だから齋藤の論文は信用できないと、内容論に至る前に門前払をする論法でやられました。

千坂　他にも須藤儀門氏、三上強二氏、藤原明氏らの著作を批判していますが、『だまされるな東北人』に「まえがき」をよせた谷川健一氏に関しては、『東日流誌』と直接関係のない著作の誤記を指摘して、「五流のペテン師」と書かれたことに抗議しています。

齋藤　必死なのでしょう。「いつの間にか偽書と認知され、真実の部分までもがすべて否定されてしまうことを危惧する」と書いていますから、なんとしても偽作説の評価を落として、反作用的に真作説に有効な印象を与えようとしているのでしょう。ですがそれは間違いです。真実と思う部分を否定されたくないなら、それなりの論証なり裏付けをきちんとするべきなのです。それ無しに「自分がそう思ったから」では話になりません。これまでの真作説者と同様に、三上氏も真作部分を証明するための努力を怠っているのですね。

千坂　三上氏は、進藤孝一氏や白川亨氏、長尾まり子氏などの証言を載せていますが、これもニセ古文書を本物と信じている人たちばかりですね。少しでも『東日流誌』を擁護する情報を多く載せたいという思いからでしょう。

齋藤　進藤孝一氏は『秋田「物部文書」伝承』（無明舎出版・一九八四）の著者ですが、

本文に『東日流誌』を引用している箇所があるので、最初から信じていたのでしょう。物部の民間療法が『東日流誌』に書かれていることで、偽書ではないと思ってしまったようですが、和田喜八郎氏は修験道にも詳しいし、進藤氏の本には物部文書の「病を治す呪」などと書いてありますから、若い頃修験者の装いで「拝み屋」をやっていた和田氏には書ける内容です。和田氏にとって民間療法は得意分野でした。

白川亨氏の言う開米氏の大泉寺にある和田喜八郎氏由来の文書は、先代の故開米智鎧氏が、和田喜八郎氏から譲り受けた段ボール三箱分の巻物で、戦後の版画用和紙に書かれたものでした。私もその写しや写真を持っていますが、その筆跡も和田氏の原稿の筆跡と実によく似ています。

千坂　白川氏は開米氏の意見を信じ、三上氏はその実物を見ていないのですね。和田喜八郎氏は、若い頃に大泉寺の開米智鎧氏と懇意にしていたそうですね。

齋藤　はい。その頃開米氏が調べていた「金光上人」関係の「新史料」が、次々と和田氏によって「発見」されているのです。最初の頃の「新史料」は、写しだといってチラシ紙の裏などに書いてきたものだったのですが、開米氏はそれを「ここがおかしい」と言うと、次にきちんとしたものを持って来たと言っていたそうです。

その「新史料」を元に、開米智鎧氏も佐藤堅瑞氏も「金光上人」の本を書いていますが、浄土宗教学院の『金光上人伝承関係資料集』（文化書院・一九九八）では、まったく評価されていません。小説としてなら読めるが、資料としては使えないということです。

この青年時代の和田氏は、単純に開米氏を喜ばせたかっただけなのでしょうが、この頃に古文書偽造のノウハウが培われたと思われます。

千坂　昭和二十年代ですか。その頃にはどこの家にも、わりと普通に昔の古文書や手紙など残っていましたね。和田氏は『飯詰村史』（昭和二十六年）の史料集めを手伝っていましたから、飯詰村を中心にした古文書の所在にかなり詳しくなっていたはずです。当時和田氏が借りたまま返さないというトラブルもあったと聞きます。それを開米氏の所に持って行って、何と読むか聞いたということはあったのではないでしょうか。

齋藤　子供の頃は、私の家にも、長持の中に先祖からの証書や昔の手紙などがありました。新築したときにほとんど処分しましたが、今思えば勿体ないことです。

『東日流六郡誌絵巻』（津軽書房・一九八六）を編集した山上笙介氏によると、本物の古文書を改竄して『東日流誌』にしてしまった例を挙げています。その同じ古文書を、のちに信奉者の竹田侑子氏が、知らずに「本物」として紹介しています。問題になった

「寛政奉納額」も、古田武彦氏がころりと騙されたほどですから、和田喜八郎氏には巧みな才能があったことを、真作説者らは軽んじているのです。

千坂　長尾まり子氏は『東日流誌』をネタにいくつも時代小説を書いているそうですが、『東日流誌』を日本の至宝と讃える信奉者ですね。その長尾氏が『だまされるな東北人』に書かれている安倍義雄氏に相談したという「和田りくの櫛」の件について、三上氏が尋ねると「櫛ではなく琥珀色の王冠のような形」のものに変わったそうです。

齋藤　元々和田氏は古物商でいろいろなものを入手しては、古文書で偽の付加価値をつけて、あちこちで問題を起こしていますから、櫛でも王冠でも売りつけようとしたのは確かでしょう。

ところで長尾氏は、和田家の中二階で古文書の入った長持を見たと証言しています。和田家の中二階には、所有者の許可を得て私も斉藤光政氏や原田実氏と共に上がってみました。ビデオにも録画して来ましたが、長持を取り出した跡など、どこの壁にもありませんでした。壁から取り出したのではなく、運びあげておいたのでしょう。

和田氏は壁の中やら仏壇の下やらひみつの地下室まで、この家で古文書を発見したと言っていますが、家を解体したときには、もちろん何も出て来ませんでした。その家は昭和十五年頃に自分が建てたと大工さんが証言しているのですから、当然ではありますが。和田氏は古文書を触らせたり売ったりしなかったとのことですが、なぜ「和田りく」や荒覇吐王《あらはばき》のものという遺物は売っても、古文書は触らせてもくれないのか、長尾氏はそれを不自然だとも思っていないようですが、おそらく「見られてはいけない」ものだったのでしょう。

基本史料を軽視するニセ古文書擁護者

千坂 これは三上氏もそうで、多くのニセ古文書擁護者が誤解していることなのですが、偽書説者は『東日流誌』に書かれていることすべてが、和田氏の作り話だから切り捨てると思っているのですね。

齋藤 そう決めつけていますね。しかし『だまされるな東北人』でも述べましたが、『陸奥話記』や『記紀』などの古典から引用している部分があります。その部分は本物ですが、それにツボケ族とか荒覇吐族などの創作や伝説伝承などを取り込んで、史実を反転させた壮大な史観で東北の歴史の空白部分を埋めているのが『東日流誌』ですから、それが偽書の所以です。

だから、もし史料として用いる場合は、充分な史料批判が要求されるのです。三上氏のように「自分がそう思うから」という主観的な好みで選択するのでは学問ではありませんね。和田氏は青年時代から古物商時代まで、県内外の古文書や反故紙を入手していましたから、その中には貴重な史料もあったはずです。

千坂　実際『荒木武芸帳』とか『武州雑記帳』とか、本物の古文書に手を加えて、『東日流誌』関係文書として出していますね。

齋藤　和田家には何も伝わってはいませんでしたが、集めた古文書は『東日流誌』で変質させずに世に出していたら、貴重な史料になったかもしれません。残念なことです。

昭和二十六年頃に故福士貞蔵氏の書いた『飯詰村史』や開米智鎧氏が書いた『藩政前史梗概』の資料集めに、郷土史家の故濱館徹氏と共に和田氏も加わっていますから、かなり和田氏は郷土史通になっていました。若い頃からの筋金入りだったのです。その頃に開米氏は、修験寺（荒吐）と書いているのです。のちに行丘、藏楯など四カ所に荒吐堂があることも述べています。

山岳宗教の修験は神仏混交で、由来不明のアラハバキ童子を奉る所もありますから、青年時代の和田氏に、荒吐神の存在を教えたのは開米氏かも知れないと思い、いろいろ調べましたが、まだ和田氏以前の津軽の史料から荒吐の記録は見つかっておりません。

もちろんその後に『東日流誌』に大量に出てくる荒覇吐神は、和田氏だけを起源としたものですし、内容的にも創作であることは確実です。しかし荒吐に注目して発展させた和田氏の才能は決して侮れないでしょう。

千坂 テレビドラマ化された内田康夫氏の推理小説『十三の冥府』(実業之日本社・二〇〇四)にもアラハバキが出てきますね。私は内田氏の推理小説が好きでほとんど読んでいます。この中で、主人公の浅見光彦を通して明確に『東日流誌』を否定しています。そのため、偽書を擁護する人から、かなり嫌がらせがあったと伝え聞いています。しかし、その内田氏もアラハバキ神は津軽のものと思ったみたいですね。

齋藤 みんな誤解していますが、アラハバキ神社はありますが、そこにはアラハバキ神は祀られていません。アラハバキ神社、アラハバキ明神、アラハバキ権現などの祭神は同じではありませんが、アラハバキ神という記述は、どの記録にもありません。『東日流外三郡誌』で初めて出て来ました。アラハバキ神社は関東に集中してまして、東北にはまばらです。『東日流誌』が世に出るまでは、津軽にはひとつもありませんでした。民俗学者の小松和彦氏も『日本魔界案内』（光文社文庫・二〇〇二）で「洗磯崎神社」のアラハバキ神を、「伝承によれば、安倍、安藤の祖神である荒吐神を祀ったといわれている」と書いていますが、アラハバキ神は安倍、安藤の祖神ではありませんし、そんな伝承は『東日流誌』出現以前の史料にはどこにもありません。「洗磯崎神社」自体が明治時代に建立されたもので、小松氏は『東日流誌』の振り撒いた「偽伝承」にまんまと踊らされています。東北の歴史が改竄されようとしていることに対し、安易に真作説を唱えることに対しては、とても楽観視できない思いがします。

千坂　『東日流誌』を信じる人たちは、なぜか私たちのような偽書説に対して、とてもまともだと思えない批判をしますが、特に三上靖介氏の「郡評論争」と比較するというゴマカシは酷すぎますね。

齋藤　『日本書紀』は、律令制度の徹底のために、大宝律令時の新制度「郡」に統一して記したのであって、それを三上氏は、大宝以前の木簡などに「評」とあるから、大宝以前の記録はすべて「評」と書かなければ、和田文書と同じだと言うのですね。「和田家文書にも時代を超えた表現があっても不思議ではない」などとトンデモないことを書いています。

『日本書紀』の「郡」は、文書の成立年代を超えていませんが、江戸時代に書いたとされる文書に、昭和にできたことばが書いてあることがそれと同じだと主張するのは、まったくの論外です。文書の成立年代より未来のことが書いてある『東日流誌』は、偽書というしかありません。

千坂　『だまされるな東北人』には、齋藤さんが「つぼの石文」についても触れていますが、三上靖介氏の目には入らなかったようですね。あるいは、自説に反するので無視せざるを得なかった。

齋藤　『東日流誌』の多賀城に関する記述は『続日本紀』などの記録と一致しない所も多くあります。私が最初に『東日流外三郡誌』に疑問を抱いたのも、多賀城に関する記述でした。それは『だまされるな東北人』でも述べています。それなのに、自説に都合良く『東日流誌』に頼り、貴重な史料だと主張するのは、あまりにも恣意的です。

松尾芭蕉も多賀城碑を、つぼの石文として訪ねたくらいですから、江戸時代にはそういう認識が確立していたのでしょうが、十二世紀中頃の歌には「石文や津軽のをちに有りと聞く」と詠まれていますから、つぼの石文は津軽にあったのです。そして「石文の狭の細布はつはつに」とも複数の歌に詠まれていることから、極めて細長い形の碑で、実際細長く描かれた絵も残されています。だから、あきらかに多賀城碑ではありませんし、東北町から出土した「丸い形」でもありませんでした。

千坂　三上氏は、まったく感覚的に『東日流誌』の記事や他の史料を都合良く引用して、自分が納得できるという理由だけで、外部史料との相互比較を放棄してしまうのも、『東日流誌』を信じて、それに合わない基本史料は信じないという立場からくるのでしょうね。

齋藤　三上氏は日本中央碑は多賀城碑と同等の価値があり、本来なら国指定となったろうが、安倍致東の建立と和田家文書にあることから、国としては認める訳にはいかないと、これまた独りよがりで述べているところからも、三上氏の盲信的態度は分かります。

日本中央碑と多賀城碑では、文字史料としての価値がまったく違います。もちろん多賀城碑にも、その時代に使用された例のない字体があることなど、まだ疑問点はあるものの、江戸時代までは確実に辿れる史料です。一方日本中央碑は、昭和二十四年に出土したといわれているもので、たった四文字。学術的価値は雲泥の差です。それに和田家文書にある、「日本中央碑」安倍致東建立説など、国はおろか信奉者以外誰も信じていないでしょう。

千坂　三上氏は歴史学者や研究者を「記紀盲信論者」などと述べて、紫式部まで持ち出して、かなり『日本書紀』を目の敵にしていますが、史料の評価が定着した過程を理解しようとしないで、『東日流誌』と合わないから気に入らないという理由だけで、読者に悪評価を植えつけようとしています。

そもそも『東日流誌』は阿部比羅夫の記述ひとつをとってみても、『日本書紀』を参考にして、その内容を逆転させたものですから、合うわけがない。『東日流誌』もまた、正史を極端に非難していますから、なぜか三上氏の姿勢とまったく一緒です。

齋藤　記紀盲信論者など戦前はともかくとして、現在は存在しません。三上氏は「日本書記の欠けた部分を補おうとしないから、我が国の正しい姿が示されることはない」と書いて、暗に『東日流誌』で補うべきだと言いたいようですが、『日本書紀』をこき下ろすわりには、『日本書紀』研究について何も知らないようですね。研究者の努力によって、欠けた部分がどれだけ解明されてきているか、その成果を調べようともせずに、安易に偽書に走るのは、素人研究にしても杜撰すぎます。

私は、現在流布している『東日流誌』では、まったく史料としては使えない、だから

「原本」があるなら出してほしいと、三十年近くも訴え続けているのですが、応えてもらえません。私は、関係者から集めた、まだ活字化されていない『東日流誌』のコピーを、藤本光幸版和田家資料五冊分くらいは持っていますが、それらの内容も、これまで同様とても記述年代当時と一致しない現代的な内容や語句がたくさん出て来ます。私のほうが三上氏よりはるかに多く『東日流誌』に接し、研究していることは確実です。

現在の『東日流誌』の所有者で、故藤本光幸氏の妹の竹田侑子氏には、『北奥文化』誌での論争で、何度も公開や鑑定を訴え続けてきましたが、擁護者派には見せるものの、懐疑者や偽作説者には実物を見せることはありませんでした。和田氏も同じでしたが、やはり生文書は見られたくないのでしょう。

和田氏とシンクロする『東日流誌』

千坂　『東日流誌』では「蝦夷とはなんぞや」とか、東北に対するコンプレックスや怨念が、大きなテーマとなっていますが、和田喜八郎氏本人も、東北人は中央から馬鹿にされてきたことを何とも思わんのか、と語っていましたね。

三上氏は、和田家文書の出現について、偽書論者などが一様に、征服された東北人の怨念、ひがみ根性とコンプレックスと言っているなどと書いていますが、一様にというのは三上氏の偏見です。私は、和田氏がそう思っている人をだまそうとして同調していると言っているのです。五所川原でいろいろな人に話を聞くと、和田氏はコンプレックスなどの理由だけで偽作に情熱を傾けるほど、郷土愛があったとは思えません。

それは『東日流誌』類の出現時期が新しくなるほど、内容的に怨念めいた記述が薄れて行くことからも分かります。ある時期の和田氏の知識や心情と、その頃出現した『東日流誌』の内容が、微妙に共時性を持っていることは、以前から指摘されていました。

齋藤　特に面白いのは、和田氏が時代劇ファンで、「大江戸捜査網」や「必殺仕掛人」などに影響されたフレーズも『東日流誌』に書かれていることです。ＮＨＫで放映した平将門や伊達政宗、例の「炎立つ」などの後には、それらに関する文書が続々と出てきています。和田氏のコンプレックス的発言も、テレビ東京製作の「白虎隊」放映の後でしたから、感化されての発言だったかも知れません。その後に「戊辰戦争」関連の文書も出て、和田氏も講演原稿に書いています。

和田氏が福島県の三春町にある歴史民俗資料館に来た後にも、そのとき企画していた「自由民権運動」に関する文書も、のちに出てきています。江戸時代には東北は差別などされていませんでした。戊辰戦争以降に「白河以北一山百文」などと、差別され出したのですから、江戸時代の秋田家の人が怨念を抱くとは考えられません。

江戸時代の怨念なら、関ヶ原で敗れて以来幕府からきつく締め付けられてきた島津家や毛利家のほうで、後に薩長が同盟して幕府を倒してしまうのですから、東北の怨念はその後でできたものです。これらのことから考えても、現代人の和田氏と『東日流誌』との密接な関係が推測できますね。

千坂　『東日流誌』を自分の都合に合わせて読んでいる人たちには、見えてこないことですね。だから、三上氏が、偽書論者に望むなどと言って和田氏とは切り離して中味の正確性だけを見ろと言っているのは、象の鼻だけ見て蛇のような動物だと言っているようなものでしょう。やはり全体的に見なければ『東日流誌』の真実は見えてきませんね。

齋藤　そうです。それで三上氏が例をあげているのが、太平山元遺跡群と「日の本国ははじまりぬ、王国のはじまれるは三万年前にして」という文書と、大森勝山遺跡と「山靼より渡ってきた民がいた。一万年程前のことである。二千五百年前に荒覇吐王国を建国し、二千三百年前に西の三輪と東の稲架郷に稲作がはじまった」という文書で、それぞれ遺跡の正確性を文書が裏付けているように書いていますが、昭和以前の文書に何千年、何万年というしかも稲作など、ほぼ正確な内容の具体的年代が出て来た時点で、アウトです。
　何千年前を正確に伝える文書も伝承もまったく例がありません。『記紀』の古代天皇の伝承年代も、そのまま信じている研究家は一人もいませんから、三上氏が『東日流誌』だけを信じるのは極めて恣意的です。

千坂　三上氏に代表されるように、『東日流誌』の真作説を主張したり、擁護や信奉する人は、極めて知識不足で、感覚的判断や思い込みで偽書論者を批判するので、レベルが低すぎて論争による学問的進展が望めません。反論するだけ時間の無駄だと思いますが、今回は『東日流外三郡誌』論争を知らない新世代も育っていますから、『だまされるな東北人』が批判されたのを機に、少し詳しく基本的な『東日流誌』批判を展開しました。しかし、今後も学問的真実などどうでも良いという人々が『東日流誌』を信じる文章を書くことでしょう。

齋藤　小説は面白いのですが、エッセイのほうでも小説のノリで問題の多い作家の高橋克彦氏は『楽園へようこそ』（ＮＨＫ出版・二〇〇七）というエッセイ集で「もし市浦村が『東日流外三郡誌』を世に出さなかったら、今の東北ブームが起こらなかったと心底から思う」と述べています。

つまり「町おこし」「村おこし」のためなら「嘘」も許されるという考えがまかり通るのは、本当に良いことなのでしょうか。『東日流外三郡誌』は一時期津軽でブームになり、誇らしい荒吐王国の中心地だったと刷り込まれて、偽書説が出てきても受け入れられない人々がたくさんいます。

岩木山の麓に住んでおられた故三上重昭氏を生前訪ねたときに、津軽にはまだまだ偽書を信じている人がたくさんいる、何とか目を覚まさせてやらなければと言って、後に『東日流外三郡誌の真実』（梓書院・二〇〇二）を出されました。しかし頑なに『東日流誌』を信じている人には無駄だったと手紙を頂きました。おそらく三上靖介氏も、いくら偽書の根拠を提示しても、「真作」だと信じる限り、『東日流誌』から自説に都合の良い内容を見つけては、真実だという信念を深めてしまうことでしょう。

千坂　これらの人々には、いくら学問的に反論しても、まともな論争にはなりません。しかし、真作説への具体的反論は、知らない人や信じかけている人への警鐘ともなります。学術書や研究書を装った「ニセ古文書」の引用や拡散には、これからも歯止めを掛けなければなりません。

『東日流誌』によって複数の自治体が、詐欺の被害にあったことも忘れてはならないでしょう。当事者だった和田喜八郎氏も古田武彦氏も亡くなりましたが、いつまた誰かが似た行動をとらないとも限りませんので、これからも警鐘を鳴らし続ける必要があります。今日は長時間ありがとうございました。

※　齋藤隆一氏には、一九九八年七月十日発行の『だまされるな東北人』（本の森）以来、十八年ぶりにお世話になった。ご夫人の健康に不安がある中で協力いただいたことを重ね〳〵感謝申し上げます。

齋藤　隆一（さいとう・りゅういち）　一九五一年　福島県生まれ。主に東北の歴史、民族学を中心に幅広い研究をしている。北奥文化研究会会員。古代史の海の会会員など。共著『「東日流外三郡誌」偽書の証明』『歴史を変えた偽書』『だまされるな東北人』など。論文『季刊邪馬台国』『歴史読本』『古代の風』など多数。

第三部　北上川流域の地名・伝承と水

千坂　げんぽう

(一) 北上川中流域の水に係わる伝承

北上川流域の伝承は種々あるが、ほとんどが北上川支流とその水源の森、段丘面とが織り成す物語となっている。しかも、それらの内容は洪水と係わるものが多く、古人がいかに自然の猛威の前で恐れおののいていたかが理解できる。

しかし、一口に洪水と言っても、その形態はさまざまで、人々の受ける恐怖や被害も一様ではない。さらに、古人が洪水とどのようにつき合ってきたかもなかなか知る手掛かりがない。近世になると災害を記した古文書が多くなるので、一定程度災害の様子が推定できるようになるが、古代や中世の様子はほとんど知る手掛かりがないというのが実情である。また、近世においても、庶民の考え方などは古文書に反映されにくいため、解明の手段がないと思う向きが多い。

ところが、伝承はそのような空白をある程度埋める内容を伝えている場合が多い。伝承が現在のような物語の形に落ち着いたのは、江戸時代後半ないし明治以降と考えられるものの、内容の一部には古代以来の伝承が残っていて、物語の核になっていると思われる場合がある。今回の報告は、北上川中流域の代表的な三つの伝承を考察し、洪水と地形の係わり、古代人や庶民の自然観に迫りたいと思う。

(イ)　小夜姫伝説

あらすじ

この伝承は奥州胆沢地方に伝わっていた長者伝説・「高山掃部長者伝説」に、室町末期にはやっていた説教節の「さよひめのさうし」を結びつけ、琵琶法師が浄瑠璃風に改めて伝えたものといわれている。口承によって伝えられ、近年文字化されたので異本が多いが、大筋のところはあまり変わっていない。

『胆沢町史』では、「薬師如来本地松浦佐夜姫誕生記」（南都田化粧坂屋敷　小野宥軒明治十八年正月書）「高山掃部長者竹生嶋辨財天胆沢物語」（南都田・若柳の民家所蔵資料による）「奥州膽澤高山實傳」（『南部叢書』所載）の三本を載せ、『水沢市史』では、南都田郷土史後編に記載された資料を採録したとして、「高山掃部長者物語」という口語訳されたものを載せるほか、奥浄瑠璃の「高山掃部長者・竹生島弁財天　胆沢物語」を載せている。ここでは、『水沢市史』の「高山掃部長者物語」から、そのあらすじを箇条書きにして紹介する。

① 胆沢郡満倉の上幅高山（現水沢市佐倉河）に、安倍頼時の長男白井（井殿盲目）を先祖とする長者・安倍掃部長者が大邸宅をかまえていた。

② 後深草天皇の正元元年（一二五九）奥州一円が大飢饉になったとき、慈悲深い長者は倉を開け人々を救った。

③ 慳貪な長者の妻は長者の処置に怒り、わめき罵り喉が渇き、高山清水に行くと我が身は大蛇になっていた。

④ 大蛇になった妻は長者を殺し、止止井沼（水沢市北下幅一帯）に身を躍らせた。

⑤ その後、大蛇は人里の牛馬や娘をさらって行くので、困った一同が胆沢の郡司に相談し大評定になる。

⑥ 大評定の結果、臥牛の冠者を沼に走らせ、大蛇の意向を聞くことになる。

⑦ 大蛇は、今日より自分を潟岸諏訪大明神と祭り、毎年八月十五日巳の刻（午前十時頃）見目よき十六歳の娘を生け贄に供えよ、そうすれば害をなさないと告げる。

⑧ どこの娘を生け贄にするかで評議が一決せず籤引きになり、今年は臥牛の冠者の娘、来年は郡司の娘と決まる。

⑨　臥牛の冠者の娘、花世姫は生け贄に供えるが、虚空蔵菩薩を拝したためにことなきを得る。両親は感謝して隣地に虚空蔵菩薩を祭るお堂を建てる。（虚空蔵小路のお堂）
⑩　次の年、生け贄は郡司の娘玉依姫となる。郡司は白山権現に祈り災難を逃れる方法を求めたところ、春日大明神が夢に出て、松浦の小夜姫を求めて身代わりにすることを告げる。
⑪　小夜姫は生け贄となるが、法華経を読誦したところ、大蛇の角十六本が落ち、大蛇は元の掃部長者の妻の姿になる。
⑫　小夜姫と長者の妻は、角のイカダに乗り九州筑紫の国へと向かう。

大蛇と乙女

暴れる水の象徴の大蛇と、水の霊に仕えそれを鎮めるシャーマンとしての乙女との絡み合いという図式は説話伝承の中で数多く、代表的なものといえよう。原初は三輪山説話同様の、水の神である蛇と乙女の結婚という形を取るが、中国文明を摂取し文明化が進む中で蛇は次第に霊性を失ってくる。『日本霊異記』中巻「女人の大きなる蛇に婚せられ、薬の力に頼りて、命を全くすること得し縁　第四十一」で、蛇に犯されたことを卑しみ、薬という文明の力で蛇を殺すのは象徴的である。

時代がもっと下り蛇がさらに霊性を失ってくると、蛇は女性の怨念の所生と考えられてくる。水の神としての面からいえば、水の恵みの面が忘れ去られ、凶暴な洪水を起こす面だけが強調され、その悪しき要素が女性の嫉妬深さと結びつけられてくる。

「高山掃部長者物語」では、女性と蛇の係わりの両面が表現されている。高山掃部長者の妻は〝娘道成寺〟などに結実したと同様に怨念の固まりとしての大蛇として表されている。彼女は荒らぶる川の象徴でもある。したがって洪水と同じように人馬などあらゆる財貨を飲み込むのである。

一方、現在の水沢市虚空蔵小路にある虚空蔵菩薩堂を建てる契機となった、臥牛の冠者の娘花世姫や、法華経の力でことなきを得たということで法華経の利益を喧伝する役割を持つ小夜姫（佐夜姫・佐用姫なども表記）は、いずれも神を鎮めるシャーマンの要素を多分に残している。

一つの物語に水神である蛇の落魄の歴史が多面的におり交えられているということは、この物語を複雑な構成要素に作り上げることができた制作者集団が存在したということである。彼らは胆沢地方の地名縁起を巧みに物語の中に引用し、物語を聞くものの興味を逃さないようにした。

「六日入」小夜姫が生け贄に出される前に、かわいそうだからと、隣の白山の長者大麻生の長者のところに六日間遊びにやらせた。そこで、大麻生長者の屋形のあったところは六日入と呼ばれるようになった。

「泣き坂」小夜姫を連れて止止井沼に行くため姉体《あねたい》古谷郡兵衛の屋形から真城に出て坂を上っていった。この坂をのぼるとき、皆泣きながらのぼったので、この中崎坂のことを泣き坂と呼ぶことになった。

「化粧坂」坂をのぼって見分森の南を通って広い原っぱに来たとき、小夜姫が美しく化粧したのでこの付近を化粧坂と呼んでいる。

「四柱」八月十五日、沼のほとりに四本柱で櫓を組み、小夜姫はその櫓の上で大蛇が出て来るのを待った。この櫓を組んだ地点が今でもヨツバシラという地名で呼ばれている。

この他多くの地名の縁起が語られている。その多さから、彼らが地名の縁起を作った可能性も多分に否定できない。それくらい地元の関心を呼ぶために琵琶法師たちは苦心したに違いない。したがって、この物語は口承文学、信仰伝承の研究対象としてはおもしろいものの、古い時代の人々が洪水に寄せた思いなどは客観的歴史的事実としては肯定しにくいと言わざるを得ない。

むしろ、『登米町史』に載る「矢矧《ヤハギ》の娘」のほうが素朴な伝承といえよう。（矢矧は矢作とも書かれ、岩がはがれ落ちやすいところの意を示す自然地名で、陸前高田市、東磐井郡川崎村など北上高地に多い地名である。）

この話では、川の幸であるアマメという小魚を自分だけで食べてしまったことを、大蛇になった原因としている。つまり川の恵みを独占したからバチがあたったのだと意味づけしているわけで、このような意味づけは庶民的といえよう。川の神に対して無礼をしたから洪水になったとするのは誠に単純明快である。

それに対して、掃部長者の妻はどのような無礼をしたであろうか。琵琶法師たちの語りは仏教への信心を促すためになされたので、嫉妬という心的要因に帰しているが、元来の伝承がヤハギの娘のようだったことは容易に想定できる。事実、『水沢市史』の「かもん長者」に関係ある地名伝説では、掃部長者が飢えで苦しんでいる人に米を与えた後のことを次のように述べる。

長者が米を皆に分け与えてやったことを怒った妻女は、あるとき近所の高山の清水の鮒を取って一人でこっそり田楽にして食べた。

ところが妻女は、喉が大変かわいてどうにも我慢ができず、高山の清水をがぶがぶといつまでも飲みつづけた。すると妻女の体はズルズル伸びてしまい、自分の姿を水に映してみると恐ろしい大蛇になっていた。

やはり、ヤハギの娘同様、川の恵みである鮒が出て来ることに気づく。川の恵みをむさぼると洪水という報いがくるぞ、だから、みんなで大切に川の資源を使おうというのである。庶民の川に対する畏敬の念が率直に伝わってくる話となっている。

それでは、掃部長者や小夜姫などの話は、ヤハギの娘の話が羽沢川の洪水を反映しているのと同様、なんらかの川の氾濫と係わるのであろうか。

止止井沼はどんな沼か

胆沢地方の伝説に出てくる止止井沼は、胆沢川が作り出した氾濫原がイメージされて作り出された想像上の沼である。胆沢川は石渕ダム（現在は胆沢ダムの中に没した）によって水量が著しく減っているが、かつては暴れ川として知られ、多くの被害を出したことが記録に残されている。明治十三年（一八八〇）の『岩手県管轄地誌』では、胆沢川の広いところで二十六間、狭いところで十間、深いところで五尺、浅いところ一尺五寸、急流で

筏通ぜずとか、明治五年の増水時には三町余りとなったなどと述べている。（『水沢市史』三より）

かつてのような洪水を見ることができなくなったといっても、幸いにも人工衛星からの写真や現在残っている地名から、止止井沼の実態が理解できる。

衛星からの写真は胆沢川と岩堰川、白鳥川間に扇状に広がる見事な扇状地の姿を映し出している。しかし、詳細に見ると少しずつ色が違うことが分かる。特に水田を示す黒い部分の中に、見分森の部分が濃い緑になっているのがはっきり分かる。

また、薄い緑が水沢市の市街地の北に位置する元宿から、西幅、西高山へと続いている。この一帯は国道三九七号線沿いの水田から急に一～二メートル高くなっているところでハバという地名で呼ばれている。（ハバ地名については後述）この微高地は胆沢川が氾濫しても水に浸かりにくく、氾濫したときは堤防の役割を果たしたと思われる。したがって、南の見分森の連なりと呼応し胆沢町南都田（かつての南下葉場村、江戸期～明治二十二年の村名）一帯をあたかも遊水地のようにしたであろう。現在南都田近辺は一面の水田で高低差がよく分からなくなっているが、地名をみることによって低湿地であったことが分かる。午房谷地、谷地、前谷地、袖谷地、外谷地、笹森谷地などの湿地を表す地名の存在が、胆沢川が氾濫したときにできるであろう一時的な沼の存在を傍証している。止止井沼という存在は、古人の純粋な想像から生み出されたのではなく、実際に観察した景色から導き出されたのだと考えるべきであろう。

(ロ)　白髭水伝説

洪水伝説

北上川流域には大洪水を白髭（シラヒゲと読み、白鬚、白髯とも表記する）水として伝えているところが多い。早池峰山を水源とする岳川（下流にいくと稗貫川と呼ばれる）の洪水伝説①は大股、小股などの地名縁起をおり交えながら、白い髭の老人が洪水と共に流れ下って行くという話を伝えている。

② 宮城県桃生町の白髭神社の伝承でも白い髭の老人の話を伝えている。

③ 岩手県東磐井郡東山町松川の白髭水の伝説は『北上川の伝説』（北上市立博物館発行）のもので紹介する。

昔、北上川大洪水のとき、水が逆流してこの辺を侵したことがある。一夜その水の中から村人の某の名を呼ぶ声があるので見ると、大きな仏像が流れて来て、堂を建てて安置してくれといった。この水は冬のことで、この仏像のあごのあたりが凍って白髭のようだったから、この水を白髭水と言い伝えているという。

松川は砂鉄川流域にあり、北上川との合流点から七～八キロメートル溯ったところにある集落なので、北上川の水が逆流したとは考えにくい。恐らく東山町の岩ノ下から川崎村布佐にかけて砂鉄川の水が逆流したときの記憶がこのような伝説を生んだのであろう。

いずれの洪水伝説にも白い髭の老人が出て来るのが北上川流域の特徴なのである。この老人はあたかも洪水をもたらす神のごとく扱われている。あらぶるものは神として祭り鎮まってもらうというのが日本人古来からの信仰であるから、洪水をなくすために人々は洪水の象徴たる白髭の老人を祭るようになる。この神は白髭明神と呼ばれる。

白髭神社

白髭明神は大迫町早池峰、北上市相去、水沢市見分森、宮城県中田町、同桃生町、同鳴瀬町など北上川流域に点在するが、かつてはより多くのところに祭られていた形跡がある。『一関市史』でも白髭の洪水の伝説を紹介し石碑の存在を述べる。

式内社である一関市の配志和神社の麓に白髭明神が祭られたというのは、磐井川の氾濫がこの近くまで到達したこと、配志和神社の山並みから洪水の様子がよく分かったからと思われる。白髭明神はこのように簡単な石碑の場合も多かったと考えられるので、かつては相当数存在していたのであろう。

現在では洪水が少なくなると同時に、被害も昔にくらべると格段に軽微になっている。洪水の恐怖が減れば、洪水の神に祈ることも顧みられなくなるのは当然で、その結果白髭明神を祭る社が少なくなったのであろう。人気がなくなればその神の由来なども忘れ去られ、まして研究の対象には縁遠いものになる。

しかし、全国的に見ればこの神に対する関心が全くすたれているわけでもない。この神社の本社といわれるのは滋賀県高島町鵜川の白髭神社で、古来より言及されている。つとにはやく、貞観七年（八六五）正月十八日の条に、『三代実録』が「近江国の無位の比良神に従四位下を授く」とするのが白髭神のこととされる。現在の祭神猿田彦命はこの比良神だといわれる。そして、白鬚（ハクシュ）は朝鮮音（クンナラ）、あるいはクナラという百済の人たちが自分たちの国を「大きい国」と呼んだ言葉からきていて、それを漢字に変えるときに大国→百済→白鬚となったといわれている。（『日本の神々』5山城・近江　白水社）

近江地方は百済や新羅の文化を輸入するときに要となるところで、天智天皇が大津に都を移したのも外国文化を取り入れるのに便利だったからといわれる。このような文化の流れを考えると、比叡山などがある比良山地は、早くから新しい文化の洗礼を受けていたと思われる。朝鮮半島からきた人々は、彼らの持ってきた技術と信仰の力で団結し、比良山地の開発に携わったと思われる。

なぜそのように考えられるかというと、比良明神がやがて白鬚明神と称されたこと、猿田彦命が祭神と位置づけられたことによる。比良という在地の名称が百済と関係がある名称に変わってきたことは、百済関係の人が比良山地に入り込んだということである。そして、猿田彦命が祭神と考えられるようになったことは、猿田彦命の持つ神格、すなわち猿田彦命が果たした役割と百済からの帰化人たちが担った仕事の同一性を示していると考えられるのである。

猿田彦命は記紀神話の神で、天孫・ニニギノミコトが豊葦原中国に降臨したとき天之《アメノ》八衢《ヤチマタ》で出迎え、先導した神として知られる。したがって、猿田彦命を信仰の対象とした人は、奥深い山地などで新たに道を造る工事に従事した人々と考えられる。このような土木工事は、やがて鉱石採掘など、もっと難しい仕事と関係してくる。虎関師練の『元亨釋書』

寺像志に、夢のお告げで聖武天皇が白鬚明神に会って、そのお蔭で陸奥から黄金を得ることができた旨の記事があるが、この話は白鬚明神を信仰する技術者集団の果たしてきた役割を反映していると考えられる。

彼らは黄金を求めるヤマト朝廷の命によって、天武天皇十三年（六八五）五月、武蔵国に移住される。その後、朝鮮半島の情勢変化を反映して高句麗人が高麗《コマ》郡に、新羅人が新羅郡（後の新座郡）に移住させられるが、その目的は黄金を中心とする鉱石の採掘と水田開発にあったと思われる。

ここまでのことは、従来の研究で明らかにされてきたことである。しかし、北東北の白鬚信仰まで目を向ける人がほとんどいなかったために、近江の白髭明神から北上川流域の白鬚信仰への道筋が今まで明らかになってこなかったのである。

洪水神への転換

『水沢市史』6民俗の第六章「民間信仰」で司東真雄氏は、水沢市見分森の白髯明神を取り上げ、「白髯団の人達は胆沢川の南畔に、取入口を設けて、沼地を谷地、湿地を沼、そしてまた沼地という具合に繋いで行く作業を続けた。三堰とかつて呼んだ一つの取入口の水は、今は茂井羅《シゲイラ》の北、中、南とそれぞれ呼ぶが、元々は区別がなく三流を総称して、茂井羅といって来たものと判った。」と述べている。

この指摘はまことに重要であったのだが、氏の興味が河川に向いていなかったせいか、「祖国においては、農業神で、水の神ではなかったろうかとおもう。」と、卑小な結論を導き出している。まことに残念である。

前述したように、白髭の信仰が当初は山の開発と関連していることは明確なのであり、そこを踏まえながら、簡単に農業神だったというのは、拙速のそしりを免れない。むしろ、帰化人たちの土木技術が時代と共にどのような分野で期待されてきたのかという面を追求すべきだったのではなかろうか。

最初は山に道を付ける工事、次いで黄金を見つけ採掘する技術、そしてその技術が米の時代になるにつけ、堰を作る技術に応用されていったと考えるべきであろう。司東氏は技術の発展史を見ずに、水沢市の現在の姿がそのまま原初の信仰の姿を残していると考えたのであろう。

確かに近世は米の時代になり、堰が造られ米が増産された。堰を造る技術は鉱石を掘る技術と共通の要素があるので、白鬚信仰を共有する一団がそこに動員されたであろうことは間違いない。しかし、米の増産は堰によってのみ実現されたのではない。近世の米増産のもう一つの手段は堤防を築くことによって、川の氾濫などによって絶えず湿地帯になっているところを米作に適するように変えることであった。

この土木技術も、前代以来の伝統技術によってなされたに違いない。ところが、堤防を築くということは川幅を狭めることであって、かえって大きな洪水を引き起こすことにつながりかねない。そうすると、洪水を防ぐためには、以前より丈夫な堤防を築かなければならなくなる。絶えざる洪水と復旧の繰り返しは、やがて洪水を防ぐ技術者たちの信仰であった白鬚明神を洪水そのものと農民たちは見なしてしまう。

現在、滋賀県の白髭神社は白い髭が長生きを表すとして、長寿の神として受けとめられている。比良山地開発の神とはだれも見なしていない。本社さえも、歴史と共に期待される御利益は変わるのである。信仰は揺るぎないものとする近代の概念を捨てないと、白鬚信仰の変身、とりわけ北上川流域の白髭水に対する理解は得られない。

上述したように北上川流域では、白鬚明神は洪水の神になっているが、青森県の津軽地方では津波と結びついて伝えられている。興国年間（一三四〇〜四六）に津波が十三湖を襲い、そのため安東氏が滅んだという伝承である。最近の十三湖の調査では、その洪水はなかったことが明確になっているが、年号と結びついていることに注意したい。同様なことは北上川流域の白鬚水についてもいえる。白鬚神社の縁起でも、早池峰山の川原坊（現在は河原坊と表記）あたりから始まった大洪水の起きたのを、宝治元年（一二四七）六月のこととしている。また、同様に「北上川の洪水」でも、享和元年（一八〇一）の雫石川の洪水を宝治元年の白髭水以来と記している。（ただし、こちらでは九月のこととしている）そしてこの話の出所は、文化四年（一八〇七）の「あつまむかし」という草紙だとしている。

これらのことから、遅くても十八世紀後半には洪水を白鬚水ということ、鎌倉時代の宝治年間という伝承の記憶が意識されていることが分かる。宝治や興国といった具体的な年号が伝えられているからといっても、それが本当にその年に起きたとは限らない。大同二年（八〇七）に坂上田村麻呂が開基したという古い寺社が、清水寺の観音信仰などを広めていった真言宗と融合した奈良仏教法相宗系の修験などと関係があるのと同じように考えるべきなのである。

しかし、鎌倉から南北朝にかけての人々の記憶が残されている可能性も捨てきれない。恐らくこの信仰を奉じて北東北に移動してきた武士団と彼らに仕えた技術者集団の意識が宝治や興国という年号を象徴的なものとする必要があったのだろう。

『水沢市史』で司東氏は「白髯はどういう理由でいつ頃、あの場所（水沢市見分森）に勧請されたのであろうか。勿論運び手は朝鮮人たちに違いないが、もらって来る先方の社は近江と武蔵とのいずれかとなる。地域的に利便な点と聖天宮を随伴しているところから見て、武蔵からの勧請だろうと想像する。したがって時期は元正朝（奈良時代）の中頃である。」としている。彼は『続日本紀』の元正天皇の霊亀二年（七一六）五月の条に「辛卯十六年、駿河、甲斐、相模、上総、下総、常陸、下野七ケ国の高麗人一千七百九十九人を以て武蔵国に遷して始めて高麗郡を置く」とあるところから、奈良時代に武蔵国に遷された高麗人がすぐに水沢市の見分森近辺にきたとするのである。

しかし、この論はその後の胆沢城の設置、アテルイの抵抗などの情況と照らし合わせて考えると少々無理があるといわねばならない。武蔵国に移住された原因が黄金などの採掘にあったとしたなら、彼らが宮城県の涌谷や北上高地に入り込んでいたことは考えられるが、彼らがその採掘に必要な土木技術をすぐに治水・利水の面に発揮したと考えることに無理がある。

私は早くから百済系の帰化人たちが北上高地で活躍したと思うが、そのとき持ってきた白髭信仰は定着しなかったと考える。黄金を求めて移住し、一所に定住しない集団の性格は、社を残りにくいものとするからである。それに対して、米作りは定住を必要とする。また、関東から移住してきた武士団は、米作りに力を注いだから、前代から続いてきた技術を利用し、自らの領地での生産を増やそうとしたのである。そのような動向が、宝治や興国といった年号を土木工事の職人集団のアイデンティティを示すものとして伝え、洪水の結びつきを深くしたと考えられるのである。

つまり、奈良時代から北上高地に部分的に伝えられていた白鬚信仰が、再度関東武士団によって鎌倉期に伝えられ、その信仰が治水、利水と結びつくことによって、白髭水の伝承を改めて作り出すことになったと考えるのである。

それにしても、北上川流域の連携交流が盛んになってきた昨今、白髭信仰はもっと見直されても良いのではなかろうか。

(ハ)　蛇走り伝説

蛇（ヘビ、ジャ）がつく地名は多く、蛇にまつわる話も多い。地名では蛇蜒蛆《ジャノメリ》という奇妙な表記を持つ地名が、北上川が蛇行する一帯（花巻市石鳥谷町五大堂）にあるが、一般には蛇がつく地名は急傾斜地の岩場に多い。なぜ、岩と蛇が結びつくのか、まず稗貫郡東和町北成島の成島毘沙門堂近辺に伝わる「蛇走り」というかつてあったとされる地名について考察する。

『東和町史』や成島毘沙門堂境内の石碑などによると、その地名の由来は次のようになっている。

毘沙門堂一帯の山中に大沼、小沼がありそこにヌシ（大蛇）が住んでいた。この地にやってきた坂上田村麻呂将軍は、このヌシを退治するために矢を放つ。矢の当たったヌシは猿ケ石川に遁走した。そこで、蛇が走って逃げたところを「蛇走り」というようになった。

ヌシは大沼、小沼そのものを象徴するから水の神ということになる。一方、田村麻呂は津軽のネブタなど全ての伝説や伝統行事で文明の力を代表する形で表現されている。したがって、この伝説では、奥深い不気味な山は斧などの鉄製の道具によって切り開かれなければいけないと捉えられている。

実際、この山はかなり開発されている。毘沙門堂のかなり上方から土管を埋設し水を引いてきた遺跡が見つかっている。このような開発の結果、表土が流出しやすくなり土石流が発生したのであろう。

土石流災害は最近は監視カメラでその姿が映し出されている。それを見ると、流速の圧力で先端がまるで蛇が鎌首を持ち上げたようになっている。その姿を見た古代人たちが、土石流を蛇が走る姿に見立てたことはむしろ自然だったのではなかろうか。彼らは、今まで静かに巨石の中に鎮まっていた蛇の霊が抜け出したため土石流になったと考えたのである。彼らは巨石の中から水が生まれると考えていた。岩や石が水を生むものという考えは、陰陽五行説を利用した修験道の連中によって民間に広められたものである。五行説では、岩や石の中に含まれる金属の性質を持つものが水を生むのだとしている。

一方、中国から伝えられた五行説以前に、古代人は大きな石や岩に素朴に畏敬の念を抱いていた。彼らは巨石は水を生むと同時に悪霊を押さえつける力があると信じていた。『古事記』や『日本書紀』で、イザナギが黄泉の国との境（ヨモツヒラサカ）に巨石を置いたとの神話はそのような古代人たちの考え方を端的に表している。

このように、岩は水神としての蛇が住むところと考えられたが、水神が暴れないために鎮《しず》める力も期待されていた。それだけに、岩が走るということは驚愕の出来事だったと思われる。各地に「蛇走り」（北上市仙人など）「蛇抜け（盛岡市梁川など）」などの地名があることは、いかに昔の人々が岩を注視していたかを物語る。

また、北上市黒石呉竹の北上川（北上中央橋の上手）浜辺の浅瀬にある岩は「蛇石」と呼ばれ、稗貫郡石鳥谷町五大堂にある光勝寺の裏山にある池に住む大蛇と光勝寺の和尚知空法師との験力《ゲンリキ》争いの結果、北上川に逃げ出した大蛇が、住んでいた池のことを思って振り返ったとき石になってしまったという伝説を持つ。

いずれの蛇の話も、洪水なかんずく土石流災害と関係を持つことに注意したい。このような地名を持つところに対しては、現代人も注意を怠ってはならないだろう。

㈡　ハバ地名

ハバ地名は、「濃尾地方およびそれ以東に多い崖地名。ハバ（幅）とはハ（端）・マ（間）で端と端の間のこと」（『地名用語語源辞典』東京堂出版）とされている。

考古学者などは経験的にハバは崖としている。『岩手の地名百科』（芳門申麓著、岩手日報社刊）でも、ハバ「端場」「端間」としているものの、段丘端などの段差の法面としている。しかし、北上川中流域のハバ地名は崖の斜面を意識したものでないものが多いように感じられる。そして、ハバ地名を考えることがこの地方の自然と人間との係わりを探るうえで重要と思われるのでしばらく、水沢市近辺に見られるハバ地名を中心に考慮したい。

水沢市から胆沢町にかけての胆沢川沿いの地域は、北幅、東幅、西幅、幅下などの地名が現在残っているほか、上幅という地域名、南下羽葉村という歴史地名が存在するなど、ハバ地名の多いところである。

この地域は金ヶ崎段丘と呼ばれ、一万数千年前までに、海であったところが隆起し一帯に被っていた水が干上がってできたところといわれる。今のように完全に干上がる直前、部分的に小川が流れ、この金ヶ崎段丘面に溝を作った。

また、一般に胆沢扇状地といわれるところは、正確には複数の段丘面から成り立っていて、厳密な意味の扇状地ではないことが分かっている。北上川狐禅寺狭窄部から岩手山、雫石川近辺までの地塊は、南が高くなり北が沈み込むような運動をしていて、そのため原初の胆沢川は一首坂段丘沿いから次第に流路を北側に変え、村崎野段丘を複数の段丘面に分かち、最後に金ヶ崎段丘を今のように刻むこととなった。

このような経過をたどって形成された金ヶ崎段丘だが、前述した干上がる寸前にこの段丘面を流れていたであろう小川と、胆沢川が作り出す自然堤防とに囲まれた一帯が、水沢市のハバ地名となっているところなのである。したがって、この地域は衛星写真で見てもやや緑がかった色をして写っている。この部分は北幅、西幅、東幅にかけてであり、元来は胆沢川の自然堤防でやや高くなっているほか、水が求めにくいので水田利用が難しい土地だったところである。現在では茂井羅北堰、茂井羅中堰のおかげで水田が多くなっているが、止止井沼伝説の舞台になった地域は水利事業を行ってもなお水田面積が少ないことを衛星写真は示している。

このように、水沢地方のハバは金ヶ崎段丘が干上がる直前に段丘面を流れていた小川が侵食してできた段差なので、その差は一〜二メートル位しかないのである。現地を見てもとても崖とはいえないところが多く、ハバは崖であるという定義には当てはまらないように思われる。

同様にわずかな段差しかないハバ地名は雄物川流域の横手市十文字町近辺にもある。このような典型的でないとされるハバ地名の存在は、語源の問題とも係わり興味深い課題を提供しているといえよう。

次に、他の北上川中流域のハバ地名をみていこう。北上市の才羽羽、花巻市の下幅、幅下、花巻市矢沢の下幅、上幅、花巻市石鳥谷町の幅、矢巾町東徳田の幅、盛岡市の羽場など結構多いのである。

盛岡市の羽場は、典型的なハバ地名のところといわれる秋田県仁賀保町のハバ山といわれている山地と比較するほうが適切と思うので、今回は論及しない。

それ以外のハバは、いずれも河岸低地と金ヶ崎段丘、村崎野段丘との接点にあり、低地と段丘面との高低差は、水沢市のハバと比べるとかなりあるといえる。これらのところは段丘面が林、ハバ地域が住宅地、ハバに接する河岸低地は水田とかなりめりはりの効いた土地利用状況になっている。

ハバ地名のところは縄文、弥生、古代、いずれの時代も遺跡が少ない。水沢でいうと、ハバ周辺部のところにハバ地名のところを取り囲み、高山遺跡、西大畑遺跡、面塚遺跡、常盤広町遺跡、杉ノ堂遺跡などがある。胆沢城が設置される以前は水を確保できないのでハバは人が住むに適したところではなかったと思われる。

北上川沿いのハバ地名のところも同様で、あまり使い心地の良い土地ではなかったようである。これらの土地は水持ちが悪いため農耕に適さなかった。人々の生活に水がいかに重要であったかが分かるのである。

ただ、歴史時代になると他のところより一段高く、広い平面を確保できるハバ地名の土地は、支配者が利用する場合は、胆沢城のごとく利用しやすいところともなる。しかし、庶民にとってはなかなか開発が困難な場所だったといえよう。その点、次に論じるウンナン地名のところとは全く好対照なのである。

(三)　謎の湧水信仰・ウンナン

(イ)　研究概要

北上川流域に圧倒的に多いウンナン神については、柳田国男が触れて以来（『定本柳田国男集』第27巻）、藤原相之助、早川孝太郎、鈴木棠三、大島英介、三崎一夫など主として地元の研究者によって調査、論及がなされてきた。

これらの民俗学を中心にした研究でほぼ論点が出尽くした観があったが、佐野賢治が虚空蔵菩薩信仰を歴史・文献学的に処理し、新しい主張を打ち出している。そこで、佐野の論を含めて、彼らのウンナンについての諸説を紹介し、問題点も略説する。

※藤原説

①ウンナンがホウリョウと近接して祀られていることに注目した。

②ホウリョウはホロハPoropa（アイヌ語で大酋長を意味する）の転じたもの、ウンナンは母神を意味するUnukamuiとする。

（問題点）

①ウンナン、ホウリョウが近接している指摘はそのとおりであるが、ホウリョウが秋田県、青森県、岩手県に分布するのに、ウンナンは岩手県の猿ケ石川流域以南にしか存在しないこと、秋田県にも存在しないことなどを無視した。男女神として二つを理解するのは無理がある。

②アイヌ語説を主張したのなら、北海道での類例を捜すべきなのにそれを怠った。

※早川説

①ウナギやウンナン等の語は水中や泥中を往来する動物に強い霊感を認めたところから出たものである。

②ウンナン神は鰻と虚空蔵菩薩の信仰とからんで古い湧水信仰を伝えている。

③ウンナンは水田を支配する神であると同時に田の神としての要素も加えていた。

（問題点）①　虚空蔵菩薩信仰に触れながらも、その伝播の時期がいつ頃だったのか、
　どのような経路で伝わったかに触れなかった。
※大島説　①　ウンナン神には雷神信仰との係わりが強いことを指摘した。
②　田の神との関連、石を御神体とすることが多いことを指摘した。
（問題点）①　ホウリョウ、ウンナン共に石や雷神に係わることを指摘しながらも、その
　理由などに踏み込むことをしなかった。
※佐野説　①　ウンナン神は近世仙台藩の新田開発によって広められた。
②　新田開発のための工事によって水害が頻出した。それを恐れた農民たちが、
　洪水時に鰻が出現することによって洪水は鰻と関係すると考え、鰻を食べ
　ない禁忌を保持するに至った。
③　そのような禁忌を植えつけたのは、虚空蔵菩薩の災害消除的性格を唱導
　していた真言系修験である。
（問題点）①　虚空蔵菩薩を本地とする伝承が圧倒的であるという論拠が栗原郡以北の
　ウンナン神については確認できない。
②　必ずといえる程、鰻の伝説や禁忌を伴っているという説も栗原郡以北に

ついては明白に否定される。

③　真言系修験が係わったと思われる北上川流域の板碑の興廃に触れなかったため、栗原郡栗駒町、同郡金成町、西磐井郡花泉町を結ぶラインの南北での宗教情況の違いに気がつかなかった。

以上のように従来の説を整理できる。この中で、大島、三崎は客観的な報告に努めようとする姿勢が顕著であり、予断をもって現地調査に臨む姿勢を取っていないことを評価したい。

ただ、彼らの時代は交通手段や道路事情が悪く、悉皆調査もままならぬ情況だったことを思えば、ウンナン解明に自ずから限界があったといえよう。

(ロ)　悉皆調査の報告

ウンナン地名調査は国交省の補助金を受けて千坂のもと、次の人々が係わった。

佐藤秀昭、児玉智江、斎藤岳丸、高橋正憲、小野寺啓、昆野良喜、関道子、今村詮、小池平和

そして、ハバ地名を含めて日本地名研究所故谷川健一所長にご指導を仰いだ。宮城県のウンナン地名は回り切れなかったが、これ程集中的に、かつ多角的に調査できたことは希有のことで、調査員諸氏の努力にただただ感謝するのみである。

報告書は地図を含め百十三頁におよぶので、この本ではその一部を紹介する。

(ハ) 分　析

① 雷・石とウンナン

かねてより雷とウンナンの結びつきは、大島英介の「奥州におけるウンナン神とホウリョウ神」等で紹介されていた。今回の調査でも、後述する鰻を食べないという禁忌よりもこちらの伝承を伝えている場合が多かった。

特に興味深いのは、雷が三回や七回落ちるとそこはウンナン神になるという伝承である。（金ケ崎町六原館平雲南社、旧江刺市梁川雲難社など）この話は、水をもたらす一回の落雷神よりも、定常的に水を提供してくれる湧水神が格が上と認識されていたことを示している。

しかし、湧水だけで稲作に必要な水を確保できない地域も多く、田植え時期には降雨が期待された。そのため、ウンナン神を祀っているところでも雷神を祀り降雨を期待したと思われる。調査でもウンナン社のところに雷神碑（旧水沢市真城畑ケ田雲南権現社は、現在は別雷神社となっている）が多く設置されている例が報告された。

このように雷神碑を建てたところが多いということは、雷神の祭りをしたことが多いということで、この繰り返しによって、やがてウンナン神は本来の湧水神としての性格が忘れ去られ、雷神と同一視されたと思われる。こうしてウンナン神は単なる水神のひとつにすぎないと考えられるようになる。

一方、大島が指摘したように、ウンナンを祀るものの、社がなく、水田の中の石を御神体とするだけのものも多い。今回の調査でも大島の調査したところ以外の多くの地点でこのような石を確認できた。北上市飯豊町成田のウンナンでは（宇南石と呼んでいる）、水田の改良工事の際、邪魔になるからといって御神体の石が移動されていた（花巻市成田に）。邪魔物扱いされるようになったウンナンの御神体だが、全く無視もできないというので他社に合祀されている。この例が現在のウンナン信仰の実態を示している。

②　ウナギの禁忌とウンナン

谷川健一『続日本の地名−動物地名をたずねて−』（岩波新書）では、ウンナンを鰻と結びつける伝承として、二つの例を出している。一つは、「ネフスキーから柳田国男に宛てた手紙の中で、岩手県遠野町（現遠野市）のウンナン神社の御手洗池にいる鰻はみな片目であることが報告されている。」ということである。二つ目として、「宮城県黒川郡大郷町には、村社の運南神社があり、御神体は虚空蔵菩薩、鰻は神使として食しない風習がある。（日本歴史地名体系『宮城県の地名』）」という例を紹介している。

今回の調査では、「虚空蔵菩薩を本地とする伝承が圧倒的である。」とか、「必ずといえる程、鰻の伝説や食物禁忌を伴っている。」（佐野賢治『虚空蔵菩薩信仰の研究』吉川弘文館）という説は、疑問点が多いという千坂の考えによって、佐野説の紹介などはせず、どんな予断も聞き取り対象者に与えず行った。当然のことながら、谷川健一が紹介しているようなことも、調査員には一切話さないこととした。

このような調査の結果、北上川中流域（岩手県分）では鰻を食べないという禁忌を伝えるところがほとんどないという結論になった。

岩手県胆沢郡金ケ崎町長志田の雲南神社では「ヌシの耳のある鰻を食べてはいけない。」

という伝承を持つが、これは厳密な意味での禁忌とはいえない。耳のある鰻など存在しているはずもない（地元ではサンショウウオは一見、耳のあるウナギに見えるという伝承があるという）。ここのウンナン社は木造の御神体を持つ等、他のウンナン社に比し信仰が維持されており、新しいウンナン神にまつわる話を導入しやすい情況にある。恐らく比較的新しい時代にウンナン神にまつわる禁忌を聞いたものの、昔から食べているウナギを食べないわけにはいかず、〝耳のあるウナギだけは食べない〟といった便法を考えついたと思われる。あるいはサンショウウオとウナギをまちがえないためにとの親切心から作られた話であろう。農民の生活の知恵というか、大らかさを学ぶべきであって、ウナギ禁忌の一例として取り上げることは不適切と思われる。

ウンナンの特徴はウンナン社の多数を占める地域ブロックの傾向を中核にして考察されねばならない。岩手県の旧磐井郡、胆沢郡、江刺郡と宮城県の旧栗原郡に圧倒的な数（三崎一夫の調査ではこの四郡で六十八パーセント）を占めるのがウンナン社だという前提を故意に無視したりする議論は困るのである。

この地域は奥州藤原氏の政庁があった平泉を中心とする地域であるとともに、中世では葛西氏を盟主としながらも大崎氏とよしみを通じ、たびたび葛西氏に反逆するなど、独立傾向を示す地域であった。次の項で触れるが、板碑の信仰などでも、この地域とこの地域以南（宮城県旧登米郡、本吉郡、桃生郡）とでは明確な差異が認められる。

このような地域差を考えれば、「柳津の虚空蔵さん」として知られる真言宗智山派宝性院（宮城県本吉郡津山町柳津）の虚空蔵菩薩信仰から広まったと思われるウナギにまつわる禁忌を、ウンナン信仰と短絡的に結びつけるのが危険であることが分かる。「運南神社（宮城県栗原郡栗駒町上高松）など聞けるはずの鰻のことが聞けぬ程伝承の衰退が進んでいる」（上掲の佐野賢治著）などと、初めから予断を持っては地域の真の特徴がつかめるはずがない。

谷川健一が紹介した遠野市のウンナンは磐井、胆沢、江刺、栗駒の四郡（仮に平泉関係四郡と呼ぶ）のウンナン信仰と実情が少し違うようである。これについても、虚空蔵菩薩信仰との関係で詳述する。

それではなぜ平泉関係四郡のウンナン信仰で鰻にまつわる禁忌がないのであろうか。それはウンナン社が多い北上高地の湧水地点を調査すれば明白である。これらの地点は水が年中冷たく澄んでいて、ウナギが生息するような場所ではない。これらの湧水地点に棲むのはサンショウウオなのである。

如意輪寺（真言宗豊山派、北上市）の七不思議では、この寺の裏池に棲むサンショウウオを「オナメ」と呼んでいる。一関市地方では、サンショウウオを「ウナンソウ」と呼んでいた。（小岩勲の聞き取り調査による。『一関市史』参照）また、江戸時代の菅江真澄は、秋田県側ではサンショウウオを「ウンナンソウ」と呼んでいることを紹介している。

これらのことから、語源は不明ながら、かなり古い時代から北東北の広い地方でサンショウウオを「ウナンソウ」などの方言で呼ぶことが一般的だったことが分かる。このような広い地域で使われている言葉から派生したと考えられるウナン、ウンナンなどの権現社や地名が、極めて限定された地域にしか存在しないということは、この信仰が平泉関係四郡が閉鎖的な支配空間と化していた時代に確立したことを物語っている。

北上川流域の葛西氏を盟主とする小領主たちは、南北朝時代には、自分たちの領地を守るためあるときは南朝、あるときは北朝という具合に従う相手を変えてきた。一所を懸命に守ろうとするために、彼らは長駆《ちょうく》京都までも足利の軍を追う役割を負わされたりした。このような情況では、限定的な空間に限定的な信仰が確立するということは困難である。したがって、平泉関係四郡が全国的な動乱に巻き込まれなくなる十六世紀から十七世紀にかけて、在地の小領主たちが懸命に自分たちの領地の開発を図った時代しか、ウンナン神のような特殊な信仰が成立する基盤がないといえる。

佐野の説は、ウンナンの少数地域の情況を普遍化しているという点で、誤っているだけでなく、寿安堰（胆沢地方）、奥寺堰（和賀地方）、鹿妻堰（紫波地方）といった岩手県での大型の水田開発と宮城県（北上川下流）での堤防を築いて水田開発をしている大型工事との整理がついていない。また、虚空蔵菩薩信仰も北上川流域の中流と下流では同一視できない要素が強い。柳津の虚空蔵を中心にウンナン信仰を論ずることは出発点から誤っているのである。

③　虚空蔵菩薩信仰とウンナン

虚空蔵菩薩（Akasa-garbha）は胎蔵界曼荼羅虚空蔵院の中尊で、頭に五仏の宝冠、右手に智慧の剣、左手に如意宝珠を持つ図像で表される。しかし、密教は修法によって仏・菩薩の加護をいただくのが重要と見なされるから、修法を具体的に説く種々の儀軌が表されるようになり、その図像も変化に富むものになってくる。修法としては、聞持聡明を求める〝虚空蔵求聞持法〟、災害消除のための〝金門鳥敏法（別名カノトトリドシノホウ）〟等が有名だが、いずれも明星（金星）とのつながり、金属とのつながりが注目される。

特に、後者は金属は人間を傷つけるものだという五行思想の影響を受けていて、密教が種々の俗信と結びつきやすいことを表している。これは現世利益を重要視する密教ならではの宿命ともいえる。中でも金星は明星天子として山林に入り込み修行を続けるものにとって格別の存在になっていく。そして金星はその名が示すように鉱石の中で最も尊重される金の在りかを教えてくれるものと考えられていく。

また修法や金採掘のため山に入った人々は木との付き合いも深めていく。木は仏閣、仏像の材料として欠かせないだけでなく、それらを荘厳《しょうごん》する漆を提供してくれた。このような木と漆を扱う漆工職人（木地師《きじし》）たちは、その仕事の過程で出る木屑を「こくそ」と呼んだことから、こくそ＝虚空蔵という語呂合わせから、虚空蔵菩薩の信仰に引き込まれていく。京都市右京区嵐山法輪寺の虚空蔵菩薩は漆工職人の信仰を集めているところとして有名である。

さらに十四世紀から十五世紀にかけて、先祖供養としての十三仏信仰が確立し、虚空蔵菩薩が十三番目の三十三回忌の担当仏として信仰されるようになると、十三という数と虚空蔵菩薩が係わりがあると考えられてきて、十三参り（十三歳の子供が虚空蔵菩薩から智慧上のように、虚空蔵菩薩信仰には種々の面があるので、その信仰がどのような面のものか、あるいはいつ頃伝播したのか、どういう地域に受容されていったのか等を、厳しく見極めていかなければならない。

今回の調査では、平泉関係四郡でのウンナンと虚空蔵菩薩の関係は否定された。遠野市のウンナン社には星祭り等を行う日蓮宗との関係と虚空蔵菩薩との関係が確認できたが、ここの場所は釜石鉱山の鉱脈につながっているところなので、むしろ金属を重要視する観点で解明しなければならないだろう。谷川健一が紹介した遠野市のウンナン社の片目の鰻の言い伝えも重金属の影響と考えるべきではなかろうか。

北上川流域下流で鰻の禁忌を広めたと思われる宝性院も、裏山の頂上近くに虚空蔵菩薩の〝御神体〟がある。この山はかつては金を採掘したところといわれている。したがって、これらのところは、金属との関係で虚空蔵菩薩信仰がもたらされた後に、鰻を食べていけないという水と係わる禁忌（佐野はこの禁忌の源流を岐阜県高賀山信仰とする。）が伝えられたと思われる。

水沢市や江刺市の虚空蔵堂はいずれも近くにウンナン社が建っている。水沢市の虚空蔵堂は、前述した「掃部長者」伝説、すなわち大蛇を鎮めたという小夜姫伝説と係わっていて、大規模な治水工事等との係わりを反映している。このような大工事は地方に割拠する戦国時代の小領主ではなし得ない。したがって、巨大な権力を発揮し得た戦国大名が登場する時期（十六世紀後半以降）に、小夜姫伝説を持つ虚空蔵堂が建立されたとするべきであろう。

既に信仰されていたウンナンは、湧水を利用する細々とした水田の営みと結びついていた。後からきた虚空蔵菩薩の信仰は鉱石採掘、築堤、堰の開削などの土木技術と結びついていた。両者は性質を異とするので、北上川中流域では共存できたのである。

ただし、北上川中流域では下流と違って、虚空蔵菩薩信仰が大きく展開する要素はなかった。洪水との関係では白髭神の信仰が既に確立していたことも大きかった。また、水の恵みを感謝するという面での信仰では長谷観音や白山神社の信仰が既に多くの地域に根づいていた。

しかし、これらのことは下流でも大同小異である。決定的要因は水沢市黒石の曹洞宗正法寺の建立である。十四世紀半ば（一三四八）にこの寺ができて以来、真言系の修験が胆沢郡、江刺郡、磐井郡、栗原郡などの地方に進出することは困難になった。従来より展開していた天台系修験と羽黒山修験は、湧水を利用した水田開発と結びついた氏神信仰的なところに食い込み、先祖の供養や死者儀礼を独占することとなった曹洞宗と住み分けをするようになる。ウンナン社が狭い地域の信仰として中世後半から末にかけて成立したとみられるのはこのような事情による。

十六世紀末、伊達氏が北上市相去まで領地とするに及んで、閉鎖的な地域性は打ち破られた。水沢には、北上川下流域の宮城郡岩切近辺の領主であった留守家が、東磐井郡黄海、清水、一関、胆沢郡金ヶ崎を経て城主となった。この経歴からみても、留守家は治水の神としての虚空蔵菩薩信仰を受け入れる素地があったといわねばならない。

しかし、村の隅々まで浸透している農民たちの〝家の信仰〟にまで（それが反体制的なものでないという前提つきだが）支配者が口を出す必要はなかったのである。そのため、水田耕作地帯に虚空蔵菩薩の信仰が根づくことはなかった。

一方、北上高地の鉱山地帯は様相を異にしていた。前述したように、鉱石のあるところを求めて移動するという性質から、新しい信仰が入りやすいのである。気仙地方の玉山鉱山、江刺地方の赤金鉱山、遠野から釜石にかけての鉱山地帯などでみられる虚空蔵菩薩の信仰は江戸時代に入ってきたと思われる。

なお、奥羽山脈沿いに木地師とともにやってきた虚空蔵菩薩信仰も問題になるが、ウンナン信仰とは直接関係しないので、ここでは省略する。

④ ウナネ社とウンナン

ウナネ社とウンナンの関係については、谷川健一前掲書が、千坂の報告を引用してまとめている。

ウナネ社は一関地方では六、七百年前には成立していたとされる「骨寺村絵図」に描かれているし、他の地方でも古くから水路の神として祀られていたことが分かる。ところが、江戸時代の安永年間の骨寺村の書き出しにはウナネの名はなく、同じ地域にウンナン屋敷が存在していた。このことから、ウナネの持つ水路の役割が忘れさられ、涌水に稲作をたよる農家のみが涌水神を祀ってきたのであろう。

ただ、現在のところ、「骨寺村絵図」に描かれていたウナネがいつ頃退転したのか、また、ウンナンという言い方が文献としてどこまで遡れるか、まだまだ課題が多い。千坂の想定した十五〜十六世紀の戦国小領主による水田開発とウンナン信仰が結びついているという仮説は、これからのさらなる調査によって検証されねばならないであろう。

(四)　今後の課題と展望

北上川流域は約二百五十キロメートルと長く、その風土と人々との係わり方を分かりやすい形にまとめることは困難である。
源泉（岩手町御堂観音）から河口（石巻）まで、ほぼ南北に流れているので、寒暖の差も大きい。また左岸の北上高地では、年間の平均雨量が一千〜一千四百ミリメートルなのに対して、奥羽山脈では、その二倍もの雨量を記録する。さらに、北上高地と奥羽山脈では成立した年代も違い、地質も全く異なる。北上高地は石灰質の土壌、奥羽山脈は火山活動のせいで酸性土壌となっている。

このような種々の要素を収斂した形で流れているのが北上川なのである。したがって、この地域の全体の特徴をつかむということは、なかなかに至難の業である。とりわけ、従来の研究が狭い専門分野にこだわる傾向があったために、見落としていた点が結構多い。その最大のものが、地名と信仰なのである。

郷土史研究家などは文献至上主義に陥りやすい。そのため、見過ごしていた代表的なものがウンナン、ホウリョウ、ホロワ、イイトヨなどの信仰と係わる地名なのである。

今後は、これらの地名が生命の源・水と関連していることを踏まえながら、今回の調査で体得した「悉皆調査」の手法をさらに別の課題に適用することが必要になるであろう。そのような積み重ねによって、北上川流域の特徴がより明らかになっていくと思われるのである。

※　第三部は平成十年度の補助金に対する国交省への報告書の一部分である。ウンナンについては、九十頁に記した多くの方に協力いただいた。その一つ一つの現地地図や聞き取りの報告は、まことに貴重なものであるが、ここに転載できなかった。今後、研究を深めたい方がいるときはお貸ししたい。第三部は、千坂が責任を持って全てを執筆した。

第四部　「日本刀のルーツ」？　舞草刀の誕生

――史料批判をふまえない結論はノー――

加藤三穂　VS　千坂げんぽう

蕨手刀と日本刀

千坂げんぽう 今日は一関市にある「舞草《もくさ》刀研究会」が発行した本を持ってきたのですが、ここでは「舞草刀が日本刀のルーツだ」という書き方をしています。私はこの点に、非常に問題があると思っています。蕨手《わらびて》刀から刀身にソリが入っている日本刀へ移行したという考え方は、素人目から見ると、わかりやすいんですね。しかし、全国的な日本刀のあり方から見て、そう簡単に断言していいのか、この辺の話を中心に、蕨手刀の特徴、鉄の文化など、一般の方々にも広く知っていただけるように、今日は加藤さんにいろいろ

第1図　蕨手刀
長野県小県郡長門町出土
古墳時代〜奈良時代
東京国立博物館
『日本のかたな』より

教えていただきたいと思います。
加藤さんは東北地方に蕨手刀が多いという考え方についてはどのように思われますか。

加藤三穂　そうですね。私自身にも、なぜ東北地方に蕨手刀が多いのか、本当のところはわかりませんし、興味を引くところでもありますね。

蕨手刀の名称は明治になってからの呼称で、柄の部分が共柄（注1）で早蕨に似た形というところから一般化されていったようです。最初に使った例は、松浦武四郎の『撥雲余興・明治十五年』のようで、明確に規定して用いたのは、高橋健自の『鏡と剣と玉・明治四十四年』と思われます。その後、考古学上で、喜田貞吉、鳥居竜蔵、大野雲外、後藤守一、大場磐雄、末永雅雄他の人たちによって取り上げられています。

日本刀を鑑賞する加藤三穂氏

日本刀との関係で、蕨手刀に一番最初に注目した人は、喜田貞吉（一八七一～一九三九）さんではないでしょうか。
「蕨手刀が日本刀の源流ではないか」という

感覚を持った最初の方だと思います。喜田さんは、京都大学の教授、それから東北大学でも講師をしておられ、しかも日本全国をよく歩いておられました。喜田さんの論文の中で「蕨手刀について書く」とおっしゃっているのですが、見当たらないところを見るとそれを実現せずに亡くなられてしまったようです。ただ京都大学教授の小川琢治（一八七〇～一九四一）さんの論文によると、その話を小川さんにされたようで、だから小川さんはその話を受けて、論文を書かれたのではないかと思います。

その後、昭和四十一年になって、刀剣研究家の石井昌国さんが『蕨手刀』、副題「日本刀の始源に関する一考察」という本を出され、「舞草刀が日本刀のルーツだ」という話に火を付けたのではないかと思っております。ただ『蕨手刀』という本は大変ずさんなところがあり、注意が必要な本です。

特に舞草刀に関連するところの、『観智院本』の引用では、三寸忘樋《ぼうひ》（わすれびともいう・棒樋《ぼうひ》・腰樋《こしび》のこと）を三寸忌樋《きひ》として読み誤り、毛抜き形太刀の茎の毛抜き形部分に相当するとして間違った解説をしたり、奥州鍛冶として挙げられている、「我里馬《かりま》」を読み誤って「我弓為」としていて、要注意のところです。

その「我弓為」をまた、序文で金田一京助さんが確認もせず引用するなど、金田一京助

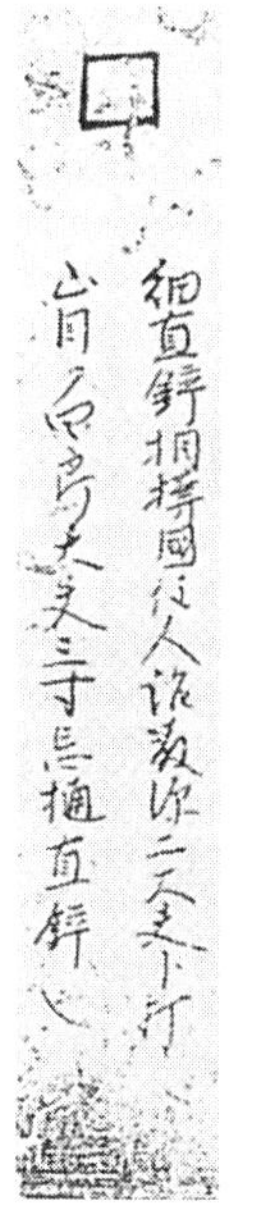

『観智院本銘尽』

光長の所　三寸忘樋拡大図

山目ノ四郎大夫の所　三寸忘樋拡大図

「書道大字典」より忌及び忘の部抜粋

第２図　三寸忘樋

「三寸忌樋」は誤り　「観智院本銘尽の難解文字について」より
刀剣美術平成五年七月号　加藤三穂論文

さんも石井さんに郷土愛をくすぐられ、安易に古刀剣書、俘囚鍛冶、舞草鍛冶と結びつけて序文を書いてしまったのでしょう。他にも石井さんは『観智院本』の「埋焼《うずみやき》」の間違った説明などもしています。しかし、さすがの石井昌国さんも、小川さんの論文だけは妄想だとわかっていたようで、引用してはおりません。

蕨手刀は関東地方以東、東北、北海道のほうまで出土しています。岩手県にかなり多いというのも事実なんです。時代としては古墳時代後期を中心に、平安時代初期あたりまで出ていますので、そういうことから私も、蕨手刀が日本刀のルーツではないかと感じているんです。ただし、何の証明もできておりません。

それから、「日本刀というのは何なのか」を考えることも重要です。それも諸説あります。刀剣書を見ますと、両刃《もろは》の剣《けん》を真ん中から二つに割って片刃の日本刀ができたという、こんな意見も書かれています。全く信用できる話ではありませんがね。

また、古典文学などには他の刀に比較すると奥州刀が割合多く出てきているということがいえます。舞草刀を研究している方々は「奥州刀＝舞草刀」と結びつけますが、古典文学で「舞草刀」と明記している本というのは見当たりません。

また「奥州刀」あるいは「陸奥国《むつのくに》の刀」と書かれていてもイコール舞草刀とはいえない。

私の個人的な推論では、武士の発生と東北地方の人々との接点、馬の文化の発達したあたり、その辺から日本刀が発生したのではないかと思うんです。このように「日本刀」の定義は非常に難しく、それを明確にしてから議論してほしいと思っております。日本刀研究家であり、日本刀についてのたくさんの著作がある、福永酔剣さんの「日本刀大百科事典」を見ていただきたいと思います。

注1　共柄《ともづか》とは柄の部分を共鉄《ともてつ》、つまり刀身と同じ鉄で太く作り、改めて柄を作りつける必要がないようにしたもの、通常日本刀は茎《なかご》を細く作り、木製の柄を嵌めている。

千坂　普通「日本刀」と呼ぶときには「太刀」と区別して言うようですね。太刀というのは長さで分けるものなのですか。

博物館などで展示しているときにも、太刀と日本刀を区別していることがありますね。その辺が我々にはよくわからないのです。

加藤　それは太刀と刀（あるいは打刀）の区別と考えたほうがよいと思います。太刀は刃を下にして腰に吊し、刀は刃を上に向けて腰に差す、着用の仕方の相違であり、両方とも日本刀です。平安時代、鎌倉時代、南北朝時代頃までは太刀の時代で、腰に吊し、短刀は刃を上に向けて腰に差していました。室町時代に入りますと、次第に太刀のスタイルではなく、刃を上に向けて腰に差す、打刀の時代に変わって行きます。短刀は刃を上に向けて腰に差すスタイルで、変わっておりません。したがって、**室町期あたりまでに書かれた刀剣書を読むときに、刀と言った場合は、即ち、短刀を意味することが多く、注意が必要です**。

私は日本刀という言葉を使うときには、狭い範囲で定義しており、「長寸で、ソリがあり、鎬《しのぎ》作《づく》り、あるいは平作りで、たたら製鉄の鉄を使い、折り返し鍛錬をして焼き入れをしたもの」と考えるようにしております。短刀は短いが日本刀ではないのかといえば、当然日本刀の範疇《はんちゅう》に入ります。今言った定義は日本刀の始源ということを考えるときのことと考えてください。

千坂　我々が一般的に考えていることがほぼ当てはまっている、ということですね。

加藤　はい、そうです。蕨手刀と日本刀との間にどのような結びつきがあるのかということは、しばしば話題になっておりましたが、結びつきについては私も反対ではありません。毛抜き型の透かしが蕨手刀にもあり、なおかつそれがだんだん長くなるという形から考えると、蕨手刀が進歩してソリのある日本刀が生まれたのではないかと思うんです。

しかしそれを断言するには、まだまだ証拠が不十分で、埋蔵品の発掘など確証が必要です。

またもう一つは、箱根の西、以西の直刀の文化と交流しているということもあり得ます。

東だけの地域で、今日の我々が言う日本刀にまで発達したのかというと、必ずしもそうではなく、西と東の文化が交流したうえで日本刀が生まれたのだと思います。


福永酔剣さんによれば、京都の鞍馬寺の重要文化財の黒漆剣《くろうるしけん》は直刀で、坂上田村麻呂の佩刀《はいとう》と伝えられ、それより約百年後の菅原道真の佩刀が福岡太宰府天満宮に、さらに約五十年後の平将門を誅殺《ちゅうさつ》した藤原秀郷の佩刀が滋賀県の宝厳寺にあり、ともに腰反りの毛抜き形の太刀になっているので、所伝どおりとすればここいらが分かれ目で、後の

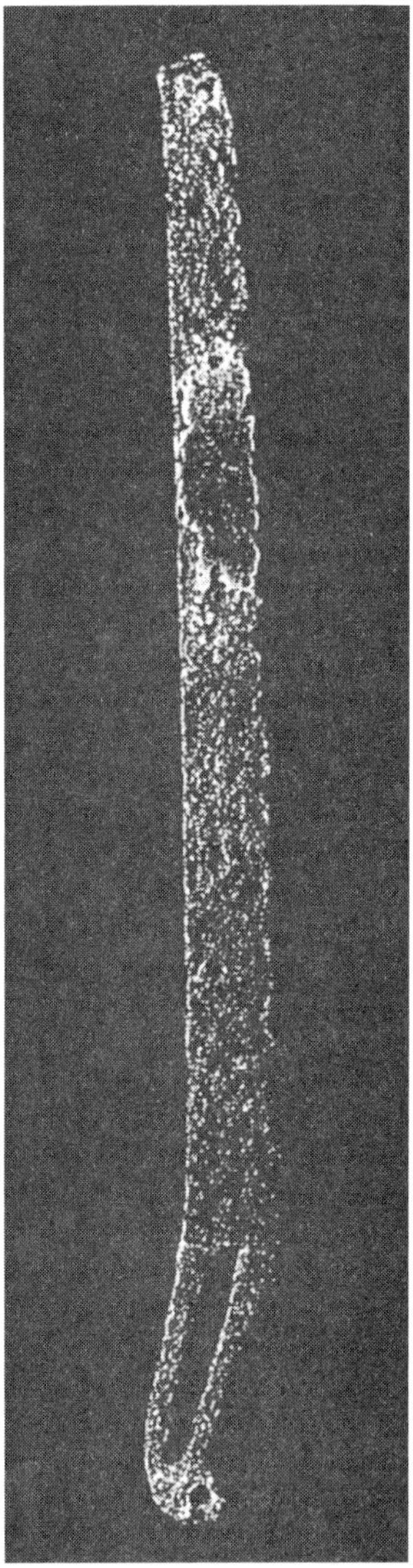

第３図　蕨手刀
岩手県　中尊寺大長寿院蔵
伝悪呂王佩用　平安時代
東京国立博物館
『日本のかたな』より

二刀が最古の日本刀ではないかと言っておられます。

また清水寺にも伝坂上田村麻呂の佩刀といわれているものがあります。これも本当に言い伝え通りかどうかわかりませんが、伝というからには古いということなのでしょう。この二本にもわずかにソリがあります。六十センチ前後とちょっと短めですが、やはりちょうど、その時代あたりから今日の日本刀らしくなってきたと考えられます。

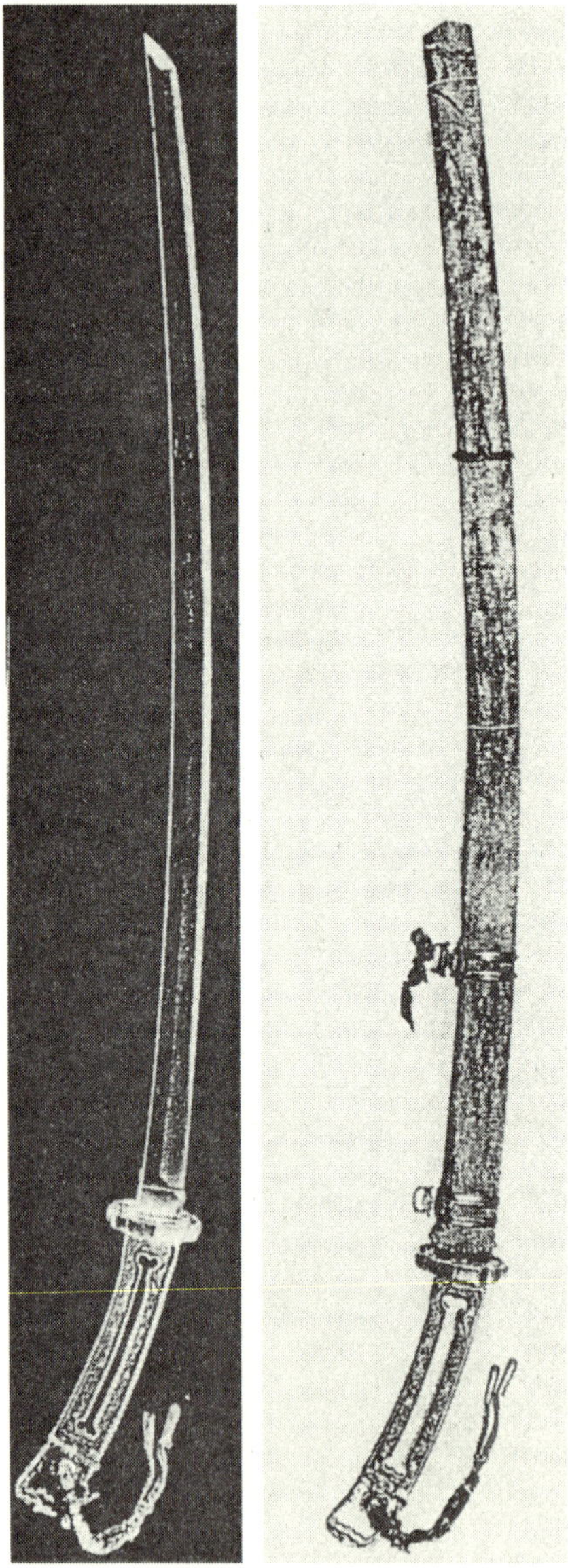

第４図　毛抜形太刀
伊勢神宮徴古館所蔵　藤原秀郷佩用
小笠原信夫著『日本刀の歴史と鑑賞』より

鍛造技術について

千坂 最初の刀は直刀になっていますね。中国の場合、刀はほとんど鋳型で作られたと聞いています。中国は早くに高温技術が確立しましたから、干将莫邪《かんしょうばくや》の話など、中国にはいろいろ名刀にまつわる話があります。今加藤さんが言われた、毛抜き形太刀が十世紀あたりに作られていたというのは鍛造した刀ということなんですか。

加藤 はい、当然鍛造されていると思います。古墳から出ている鉄の直刀もほとんど鍛造です。

若狭あたりの古墳から出てきた直刀には紙のように剥がれてくるものがあると聞いております。古くなって鍛着面が剥がれてくるんです。ということから考えると折り返し鍛練されていたと言ってよいと思います。

千坂 鍛造技術は朝鮮あたりから来たのでしょうか。

加藤 当然来たと考えてよいでしょう。しかし朝鮮からだけと限定すると、いろいろ議論が出てくるところです。江田船山古墳から出た有名な直刀の銀象眼銘の中に八十練という言葉がありますし、中国の言葉にも百練、五十練という言葉が使われております。中国でも割合に東北の方面では鍛造の技術は持っていたと考えられます。中央は鋳造剣だったかもしれませんが。鍛造が日本固有の技術だということはできません。ただ練という言葉を、即、今日でいう、折り返し鍛錬の回数と受け取ってはいけませんが。

千坂　中国の春秋時代から戦国時代にかけて、長江（日本でいう揚子江）の下流で、呉が盛んになり、大きな勢力を持ったというのは刀の力が大きかったといわれています。そういうふうに、南のほうの刀の作り方の伝統と北のほうの刀の技術とは違うのでしょうか。

加藤　南のほうは違ったのではないかと思います。越の古墳から越王の剣が発見されていますが、それは青銅剣で鉄剣ではありません。ですから呉越の闘争の時代は、青銅剣を主として使用していたと考えられます。ただ明確に区分けされていたわけではなく、現在は、鉄文化と青銅文化は併存していたといわれております。それで銅剣というと、一見柔らかそうに見えますが、錫と銅の合金の青銅は、配合比率によってかなりの硬度が得られますので、十分に実戦の役に立ったと考えられます。

千坂　毛抜き形太刀などは、結局、技術的な要請があって製作されたものですね。確かに衝撃を和らげるために柄の部分の形を調整している等、素人から見てもよくわかる部分があります。西国の乱（承平六年・九三六年〜天慶四年・九四一年）や天慶の乱（天慶二年・九三九年〜天慶三年・九四〇年）という中で、実戦的な形が追求され、その流れの中で、奥州の前九年（永承六年・一〇五一年〜康平五年・一〇六二年）、後三年（永保三年・一〇八三年〜寛治元年・一〇八七年）の役があり、その交流の中からソリのある日本刀が作られたと考えるのが一般的なようですね。

加藤 おっしゃる通りで、私もそう考えておりますが、みんな推定や推論にすぎず、何ともいえません。

技術の伝播

千坂 関東以東から蕨手刀が出てくることは、古墳文化とのかかわり合いが考えられます。ということは地方を支配する豪族に大和朝廷が御墨付を与えた、というかたちがあったという可能性がみられるということでしょうか。

加藤　大和朝廷の影響があるかないかは別にして、私は、**蕨手刀は関東、箱根以東の地元の剣**と考えています。そして**直刀は、西との交流のもの**だと。蕨手刀は信州でも出ていますが、ほとんど関東以東のものです。

鏡や直刀が出たというと、すぐ中央の支配を受けたと考えがちですが、私はまず人、文化や経済の交流があったと考えるべきだと思っております。九州から蕨手刀が出たからといって東の人が九州を支配したとは言わないように。

これは全く個人的な意見なんですけれども、蕨手刀の発祥は諏訪あたりではないかとひそかに思っています。そういう見解を実際に言う人もいます。例えば大場磐雄博士のように。

それから、私が一番強調しているものの一つに、翡翠《ひすい》があります。縄文時代の翡翠の大珠《たいしゅ》は、新潟県の糸魚川で産出したものですが、諏訪を経由して関東地方から東北地方に行ったり、日本海を経由して奥州から北海道まで行っております。

千坂　蕨手刀の流れと翡翠の流れというのは、流れとして同じなのですか。それとも関係があるということなんですか？

加藤　流れが似ているといっても、当然、時代が違いますから、直接関係があるわけでは

第5図 ヒスイ大珠（硬玉製大珠）出土遺跡の分布

ヒスイの流れたルート（道）が明瞭にわかるヒスイロードを示している。
寺村光晴著『日本のひすい』より

無いと思っておりますが、翡翠の大珠というのは糸魚川からフォッサマグナの線を越して、西にはほとんど出ていないのです。糸魚川のとなりの富山県などの例外を除けば。

千坂 それは不思議ですね。

加藤 大珠としての翡翠は全く東の文化なんです。馬の文化も諏訪、関東、基本的には関東から東です。馬の文化の時代は蕨手刀の時代と比較的重なってきますね。蕨手刀も箱根以東です。

確かに正倉院には、蕨手刀に似たものがあります。九州や島根でもわずかに出ているといわれています。人間が交流していますからね。でも数からいうと圧倒的に箱根、諏訪を結んだ線より東で多く出ております。ですから箱根から東北にかけての文化圏が

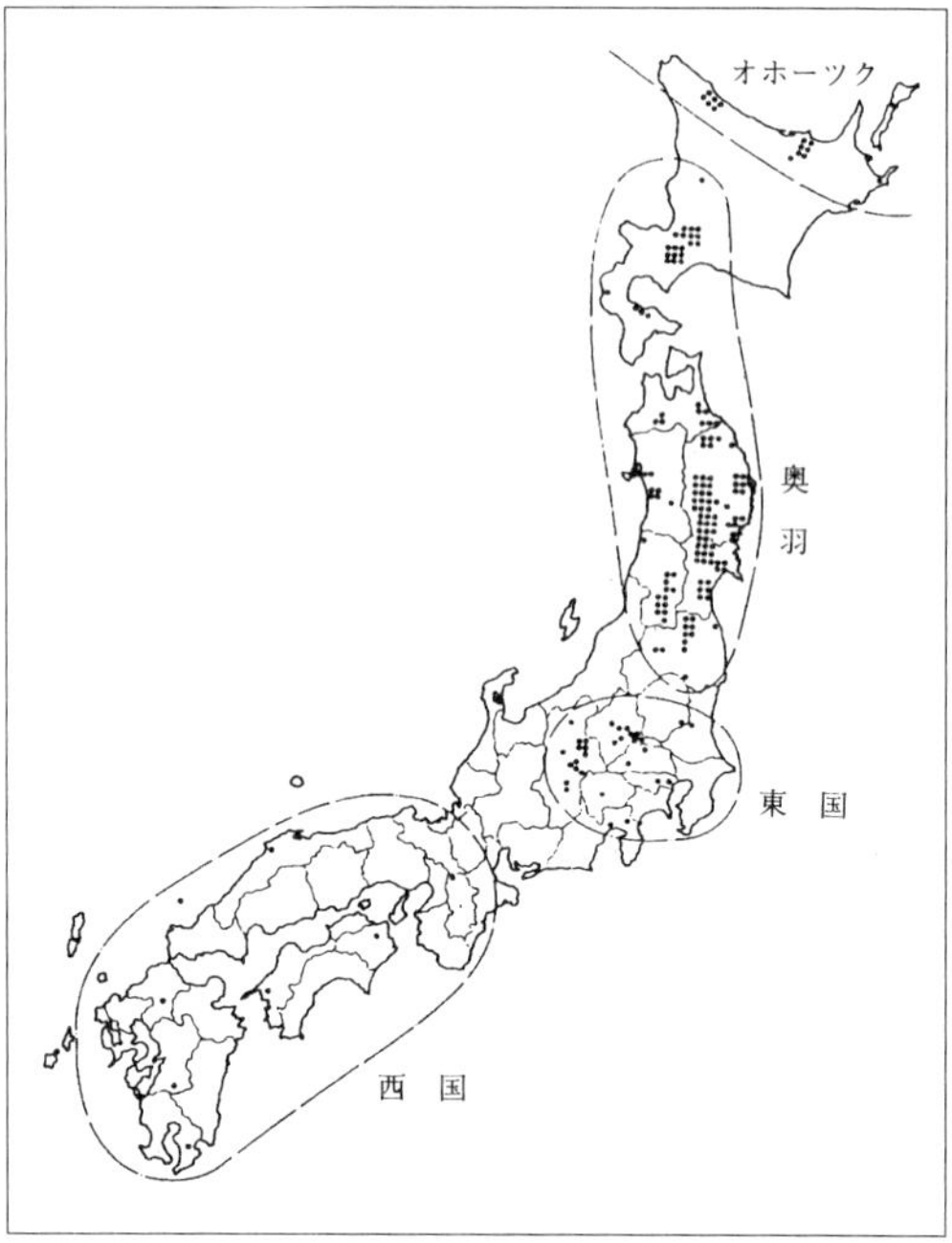

第6図　蕨手刀の分布図
「蕨手刀の変遷と性格」八木光則論文より

独自にできていて、その中の交流が非常に密であったと思うのです。

ただ縄文時代から弥生時代の装身具の釧《くしろ》、腕輪ですね、それを例にとってみると、南方の貝で作ったものが北海道から出てくるわけです。古くから人間が交流していたということが間違いなくわかります。しかし大量に文化が交流しあっているところは、やはり、箱根より東だといえるでしょう。

千坂　今回加藤さんにお話を伺おうと思ったのはなぜかというと、「文明」の力と「文化」の違いを明確に個々人が位置づけをしていないために、地域の自尊心や劣等感をくすぐられ、地域ぐるみでだまされてしまうという深刻な事態をもたらしたところがあるからなんです。

蕨手刀が東北に多いからといってそれを過大視し、東北地方、とりわけその分布図の中心地岩手県に日本刀の発祥を認めたいという気持ちにすぐなるのは問題です。

加藤　そうですね。県単位でいうと蕨手刀は岩手県に多いんですね。そんなところからの発想でしょうか。

日本刀のルーツはどこか？

千坂　話題の焦点はフォッサマグナのところに来ていますね。諏訪から発信して、西のほうに行っている文化はないんです。その辺のところを加藤さんはどのようにお考えですか。

加藤　小川琢治さんのお話のときにも、私は翡翠と馬の話をしたんです。それはなぜかというと、日本刀の源流は小さな地域ではなくて、関東以東の人々の交流やいろんな文化から発生しているんじゃないかと思うからです。

直刀の文化圏は、どうしても関西ということになります。関東の武士や蝦夷、宮廷や公家を護る衛府の人たちはみな、関東や東北から行っている。関西、特に九州の人が来ているということはあまり聞きません。防人も九州のほうまで行っております。当然、戦争経験、馬に乗るなどといった経験を多少でも持っている人が西に行けば、直刀の文化にぶつかることになります。発掘された直刀を見ると、いろいろな飾りがあるんです。

一般に蕨手刀は素朴な外装をしています。直刀の文化というものは貴族文化から来ていますから、外装が派手なのでしょう。中には黒漆剣のように素朴なものもありますが。だからその流れが関東地方に再び戻り、それが少しずつ文化としておたがいに交流したと思うんです。一番交流が激しかったのは武士と蝦夷の接点、福島県、宮城県、それから茨城県、栃木県あたりだったのではなかったかと思います。

また蕨手刀の刃はわりあい湾曲しています。法律では日本刀のソリは棟区《むねまち》、簡単に言えば握った鍔《つば》のところから、切っ先までの線を結び、そこから棟に垂直線をたてて一番深いところの寸法を言っております。法律上そのように決められています。

一般に刀剣愛好家は、「ソリ」というと、棟側のソリのことを言います。でも棟のソリというのは、物を斬ったりすることに何の関係もない。刃のカーブがどういうふうになっているかということが、物を斬る動作に重要だからです。そういうふうに考えますと、蕨手刀は短いですが刃にカーブがある、つまり物を撫で斬る文化があったものと思われます。

日本は諸外国と違い、鋸《のこぎり》は手前に引いて挽《ひ》きますし、ものを削るときはナイフの刃先を向こうに向けて削ります。これも文化の違いというものでしょう。グローバルな時代には変わってくるのでしょうけれども、地域の文化というものはそう簡単に変えられないのではないでしょうか。棟が平らで、長くして、刃にカーブをつければ幅広になってしまうので、どうしても棟を削がざるを得ない。そういうところから現在の日本刀の文化ができてくるのではないかと思います。

いわゆる毛抜き形の太刀ほど長くはありませんが、通常の蕨手刀よりちょっと長い毛抜き形の蕨手刀は、関東や信州からも出ているのではないでしょうか。

千坂　素朴な質問ですが、奥州刀の影響を考えると、平家と源氏の戦い、例えば屋島の戦いなど、あの頃使われていた刀というのは、どのようなものだったのですか。

加藤　ほぼ今日の日本刀であったと思います。ただ刃文が華やかで美しく、美術品としても優れている刀は、鎌倉中期が完成期であると考えています。特に平安時代末期には、平家の一族は播磨から備前、備中あたりを押さえており、瀬戸内海の貿易や日宋貿易で金儲けをしていた。ですからその時代、平家は備前刀工のスポンサーになっていたと考えております。

千坂 福原の遷都の問題も日宋貿易の関係だけが強調されていますが、刀についても考えなくてはいけませんね。都市造りに関しても、最近では鎌倉に先立って平泉で中世都市が始まったといわれていますね。しかし福原もあったわけです。地方の時代というのでしょうけれども、福原同様、平泉は文物の交流の拠点になり得た場所だと思います。

加藤 そうですね。北上川がありますからね。昔は川は道路であり、港と同じでしたから。

軍事力と刀の果たした役割

千坂 平泉の場合は、北海道や奥羽山系、北上高地の産物を集めることができたという意味でも拠点になり得たと思います。しかし、自分の支配を確立するには、経済だけでは駄目だと思うんです。軍事力も必要です。馬や刀は必需品ですから、せっぱ詰まったときのためには調達しやすいところが近くないと、危ないわけです。

加藤　どちらが先とは言えませんが、私も経済と軍事力を重視して考えております。貨幣という意味ではありませんが、お金（経済力）のないところには物はいかないと考えております。

千坂　馬は今でいうと戦車級のものですね。刀はミサイル級のものです。ですから、そういうものを持つという自体が、力になると思うんです。お金は物を買って生かさなければなりません。

加藤　確かに支配に必要な刀を作るためには原材料と技術の両方が必要になります。けれどもあくまでも需要が先で、お金、つまり経済力がなければどうにもなりません。鉄を作るというのは大変な産業だったのです。

千坂　やはり、鉄をどう作ったかが先に問題になるということですね。

加藤　古い時代には小規模でたたら製鉄をやっていたといわれていますが、小規模といえども、鉄を作るということは一人や二人でできる仕事ではありません。かなりの集団を押さえていなければできないんです。しかし刀は小規模でできます。量にもよりますが、五、六人の人がいれば十分にカバーできます。

もう一つ、産業考古学会の穴沢義功さんの『製鉄遺跡から見た日本列島』によりますと、宮城県以北には古墳時代後期、飛鳥時代とそれ以前の製鉄遺跡は発見されていないんですね。その時代の製鉄遺跡は長野県、群馬県、千葉県、茨城県、福島県までです。しかし鍛冶遺跡になりますと、東北北部にはないとされていますが、東北南部の鍛冶遺跡は五世紀に溯り、関東地方の鍛冶遺跡は三世紀に溯ると説明されています。これをどう考えるかですね。

第7図　古墳後期～飛鳥時代の製鉄遺跡の分布（発掘調査済み）
穴沢義功編『製鉄遺跡から見た日本列島』より

　岩手県の製鉄遺跡の古いほうの上村遺跡は十一世紀に?が付き、山の内遺跡は十二世紀とされています。**八、九、十世紀の東北地方の蕨手刀はどこの鉄で作られたのでしょうか。**

　だから**刀と鉄の産地が結びつく必要はない**と思います。近ければ便利ですが、加工技術と直接原材料生産が結びつく必要はないと思うのです。

千坂　そうすると、材料を運んできて、刀を作る工場だけが需要地に近いところにあったと考えたほうがよいですか。

加藤　近いところにあったと思います。初期には朝鮮から鉄挺が運ばれ、日本で加工されたわけですし、江戸時代には刀は各藩邸でも作っていたといわれていますから。

千坂　一関でも「ドウヤ」という仙台藩の鍛冶屋敷の地名が残っていますから、仙台藩でもそういうことがあったかもしれません。

加藤　やはり、経済力がないところでは成り立たなかったと思います。そして当然、経済を守ろうとすると武器が必要になる。ただ意外と、刀は武力としての主力武器ではなかったのではないかと最近考えているんです。やはり武力で大事なのは実際の戦争でどれぐらい役にたつかということで、その点では飛び道具が一番だったと思います。また、後の時代になると鉄砲がありますね。それから、今日でも鎌倉時代の有名な刀工の刀が残っています。明治以後、また今次大戦でかなり失われましたが、七、八百年も経っているのにかなり残っているんです。

なぜかというと使われていないから残っているんです。日本刀は鉄をも切るとか、いろんなことがいわれていますけれども、実際に鉄を切れば刃が欠けたり曲がったりするものなのです。

千坂　神事などでよく、矢を射るという光景がみられますが、例えば矢の必要性とか、馬をどのように使うか、あるいは歩兵の問題などを含め、西と東では、戦闘のあり方が異なっていたため刀のあり方も違っていたのだと考えられるのでしょうか。

加藤　そうだったのでしょうね。でも、意外と戦闘が少なかったともいわれています。

千坂　中国でも、春秋時代の場合はあまり戦闘がないんですね。戦国時代になると戦闘がさかんになり、相手国にまで進出するという今の近代戦のようになりますが、春秋時代はギリシア・ローマのような戦車を使った戦い、つまり馬に車をつけて矛を持った人と弓を射るという人が組み合わさった戦闘でした。それは代表者が戦う象徴的な戦いなんですね。ところが戦国時代になると、一般農民の歩兵が大事な役割を果たすようになってくるんです。今、加藤さんのお話を聞いていると、中国の春秋時代の戦争と同じように西の戦いというのはエリートの戦いだったのではないかと感じました。

権力の象徴と刀

加藤　私もそう感じています。日本刀というのは、権威・権力の象徴です。日本刀を作るというのは、まず刀身にお金がかかりますし、その周辺の外装にもお金がかかるんです。だから「権威の象徴」という意味を持っているんですね。それからもう一つは、接近戦になったときの護身。戦闘そのものは、今日の我々でも同じですけれども、できるだけ敵に近寄りたくないと考えます。敵のそばに寄らず、まず弓矢で、その次に長いものを持って突く。

よく「日本刀＝戦闘」というように、日本刀は戦闘の象徴のようにいわれるのですが、実際は権威・権力の象徴だったと思うのです。もし鎌倉時代の刀が実際に使われていたら、今日までそんなに残っているはずはありませんから。

千坂　そうですね。鉄というのは一番残りにくいものですからね。今日は、加藤さんとお話ししていて、疑問に思っていたことのいくつかが解けるような感じがしました。

最近よく地名などでお世話になる谷川健一さんは、「物部」ということに大きな関心を持っていて「モノ」に注目しています。「モノ」ということについてはいろいろな論文がありますが、霊的な存在を「モノ」と言ったと思うんです。その「モノ」の代表が「鉄」、「刀」と言えます。岩手県でも「物部」と書かれた土器が出土しています。物部氏などが当初は刀作りに関わったのかもしれませんね。そういうふうに魂を込めるものに、今の我々が考える、粗製乱造や大量生産ができるはずはないというのが、私の素朴な考えなんです。

加藤 全くその通りですね。中には粗製乱造や大量生産というものもあったのでしょうが、武士階級やある程度の位の人々には、日本刀は権威の象徴だった。だから、剣や刀が単なる道具だったとしたら古墳に埋葬などしないと思うのです。

千坂 私も刀は権威の象徴だと思っています。鉄は残りにくいというのに、蕨手刀は今も残っている。そんな意味でも私は、権威の象徴としての「モノ」、物部の「モノ」を考えたんです。一番神に近い存在である支配者は霊的な「モノ」を司る役割があった。

お寺の仕事でお通夜に行ったり、亡くなった方がいる病院に拝みに行くと、棺の上に短刀がある光景をよく見かけます。亡くなった方が悪霊におかされないようにと、短刀を置くのですね。

また、テレビ等で時代劇をみていると、女の人が短剣を持っている場面がよく出てきますね。現代人は、女性の護身として、とりわけ男性から身を護るために短剣が必要だったのだろうと考えますが、それだけではありません。魔よけとして必要だったと考えられます。昔の人々は、まわりの世界にいる霊的な存在に、極度な恐怖を抱いていた。

ですから、日本刀を霊的イメージで捉えることも大事です。我々は、戦前に日本軍が使っていた日本刀のイメージで、日本刀と戦闘を短絡的に結びつける傾向があります。そのようなイメージの定着によって、日本刀が持っていた意義が見失われる恐れがあります。

加藤　全くその通りです。刀剣に梵字、不動明王や毘沙門天を彫ったり、剣巻竜を彫るという風習は、霊的な祈願を意味していたのでしょう。人を殺す、あるいは護身という意味だけではなく、安全を祈願する意味があった。だからこそ、大切にされ今でも残っているのだと思うんです。

千坂　そうですね。戦国時代に雑兵の大半はそんなにいい刀は持っていませんでしたからね。

加藤　刀は大変高額だったんです。室町時代の刀の金額には自分の領地ととりかえっこができるほど高額なものがありました。それは例外としても、何十貫というオーダーの刀をわずか五貫や十貫（年収）しかもらっていない人が手に入れるということは大変なことだったと思います。

千坂　今でも、刀を作るには相当の金額がかかりますね。車と同じ金額と言えるでしょうか。

加藤　ピンからキリまであり、何ともいえませんが、外装だけでも莫大な金額がかかります。昔は「外装は刀身と同じ」といわれていたそうですから、例えば、刀身が二百万円のものは四百万円になってしまいます。

千坂　そうなると高級外車の値段ですね。これからは、刀を持つということはベンツを持つのと同じような意義があったと一般の方に伝えれば、日本刀に対するイメージが違ってくるかもしれませんね。

加藤　そうですね。日本刀は単なる人殺し道具ではなかったということを含めて、時代を遡るとますますそうなると思います。私はポルシェやフェラーリ、ランボルギーニを持つような感覚だったと言っております。

銘の問題

千坂　それから、時代劇では、刀を振りかざす場面も多いですね。日本の武士は、中国とは違い、武官でありながら文官の役目をすることが多かった。江戸時代の武士も刀を持ってはいたが、実際にはあまり使わなかったと思います。実際に刀を使っていれば、今の警察がピストルをむやみに発砲して懲戒免職になるのと似たように大問題になったでしょう。ですから、江戸時代でも刀には象徴的な意味が強かったと思います。

一関では「舞草刀」の太刀に銘が彫られているなどということが問題になっていますが、個人の名前、刀工の名前を記すというのは、案外新しい風習ではないでしょうか。

例えば奥羽山脈は木が豊富で、木自体も柔らかく加工しやすいのが多いんですね。それで京都方面から木地師が来るんです。木地師たちというのは、自分たちの職能集団の権威を確立させるために、自分たちの系図を作る。職能集団は、自由に山に入って木を切る権利を確保するため、結合を固める必要があった。そのために、自分たちの系図を作ったり、その権利が古代より賦与されていたことを主張した。そのような中で、銘が公になっていったのでしょう。刀の銘も同じように考えるべきなのではないでしょうか。

加藤 刀の銘についても刀工がアイデンティティを主張するときには同様なことが考えられるでしょう。銘や年紀によって、その刀がいつの時代のものであるかということがわかるのは、案外時代が下がるのが現状です。

古刀剣書に偽物を作ったという話も載っており、古い時代の刀といっても、その当時の偽物もたくさんあると考えられます。人の考えることはいつの時代も変わらず、売れれば有名刀工の写し物も作りますし、有名な刀には、実際、写し物がたくさんあります。

教育などでよく言われますけれど、「学ぶ」は「まねぶ」なんですね。要するに、まねてから自分の個を確立していくわけです。

それと同様に、匠の世界でも、まずは有名なものをまねして学んでいきます。絵でも模写からスタートしますね。だからまねるということは一概に悪いとは言えないのですが、それにしても昔は模造や偽物が多かった。もっとも今でも実態は変わりませんが。そんなわけで、今日、銘だけみると鎌倉初期のものだけれど、それが本当かというと、何ともいえないのです。鑑定家は、例えば「これは腰の反り方からして鎌倉初期のものだ」などということで鑑定しますが、本当に鎌倉初期のものであると、科学的に断定できる技術は未だにありません。

千坂　確かに、形式はまねすることができると思います。でも、作った時期を科学的に鑑定できるという技術がない限り、正確な判定は下せないわけですね。

加藤　**「舞草刀」に関しても、刀を見て、「これは舞草刀だ」と言う人がいるのですが、その刀が本当に舞草刀で、いつの時代のものであるかは科学的には言えないわけです。鉄原材料、鉄加工の場所と年代の比定は現在の技術ではできない**のです。

千坂　銘を彫るという意識が生まれたことは、日本刀において、かなりエポック的な出来事だと思うんですね。刀というのは、霊的な面を持っていて、職能集団がそのことを意識する程度まで確立した時期でなければ、銘が一般化することはないと思います。

「舞草刀は日本刀のルーツだ」と言った人がいて、そこから舞草刀ありきというかたちになったのですが、日本刀のルーツという話になるとどうしても十一世紀以前に溯ったものがないと、何ともいえないのではないですか。職能集団が、確立された後に自分たちの名前を彫るような動きになったと私は思っています。

刀剣古伝書『観智院本』の価値

千坂　一関の一部では『観智院本』という書物、ここに舞草鍛冶のことが書いてあるから、日本刀のルーツの「舞草刀」があったのだという話になっています。しかし、この本は、職能集団のアイデンティティを証明する本にすぎないのではないでしょうか。職能集団がそのような書物を必要としたのは、スポンサーに対して自分たちを売り込む必要が出てきた段階であり、だからこそ銘を彫るのだと思います。最初から彫れるような状態というのは、日本刀ではあり得なかったと思うんです。

加藤　そうですね。古い刀はどうしても鉄が朽ちてきて、銘が見えなくなってしまいます。最初から銘を彫らなかったということも考えられます。

木地師の系図では先祖というか、起源というか、すべてが文徳天皇第一皇子の惟喬親王とされていたりするように、**職人は自己の出自を強調する必要がありました。職人は由来書がないと仕事ができなかったんではないでしょうか。江戸時代は、特に初期は激しかったようで、由来書がでっちあげられたのでしょう。**

今日でも、刀剣の売買のときには、製作年代が少しでも古い、有名刀工である、有名人が持っていた、曰く因縁がついているなどのことがあると評価金額は高くなります。刀剣の売買に携わる人たちはそれを高めるためにあらゆる努力をしたでしょうね。刀剣書にはこういう面があるということを、承知して見ないといけませんね。古文書を研究されておられる方や歴史家には、職人文書は信用が置けないとして、除いて考えている極端な方もおられますね。

また刀剣書を見ますと後鳥羽上皇が番鍛冶の制度を作り、月番の鍛冶とそれを管理する公家の奉行人を定め、そのために、今日の素晴らしい日本刀が作られたと書いてあります。奉行人には、太政大臣を始めとする公家の名前が仰々しく並んでいますが、『承久記』に出てくる人物以外は架空の人物で、実在の人物でも肩書きに誤りが多いものです。これらの話は刀剣書にしか出てこない、歴史書には全く出てこない話で、後世の偽作です。

『増鏡』に、上皇が剣を見ることにすぐれているという記事があることを発展させたのではないでしょうか。『承久軍物語』に家正という鍛冶に手伝わせ、自ら焼き入れをした剣を武士たちに賜り、御所焼きと称したと書かれています。ただ『承久軍物語』はずっと後の成立ですから、この記事もいかがなものでしょう。上皇が鍛冶に手伝ってもらった慰打《なぐさみうち》はあったのかもしれません。

　そんなことが書かれている**『観智院本』や『正安本』を一級資料などとすること自体、人を惑わすものですが、職能集団としてはアイデンティティ確立のために必要だった**のでしょう。また所持する刀剣の知名度をあげるためにはユーザーとしても価値があったのではないでしょうか。

　私は小川博士に関する論文の中で、大正から昭和にかけての刀剣研究家の関保之助さんについて書いたんですが、彼の論文「平安朝以後刀剣装飾の沿革に就て」の中で、小川博士の鏨痕銘《ざんこんめい》をやんわりと否定し、営繕令《えいぜんりょう》や関市令《せきしりょう》（注2）に年月や工匠の姓名を彫らなければならないとあるが、正倉院に年紀を切ったものが一本あるくらいで、古いもので銘を切ったものは絶無であると言っています。

　実際に、正倉院には年紀を切った刀剣が二本ありますが、二本とも実戦用のものではなく、舞楽用のもので、焼き入れはされていません。棟に大仏開眼の天平勝宝四年（七五二年）四月九日の日付が、表に東大寺、裏に武王、もう一つは破陣楽と刻まれています。ただ、年紀を切ったり、銘を切るということも場合によってはあり得ると思う

んです。個を主張したい人が、自分の銘を入れたいということは、人間の感覚として
わかりますね。

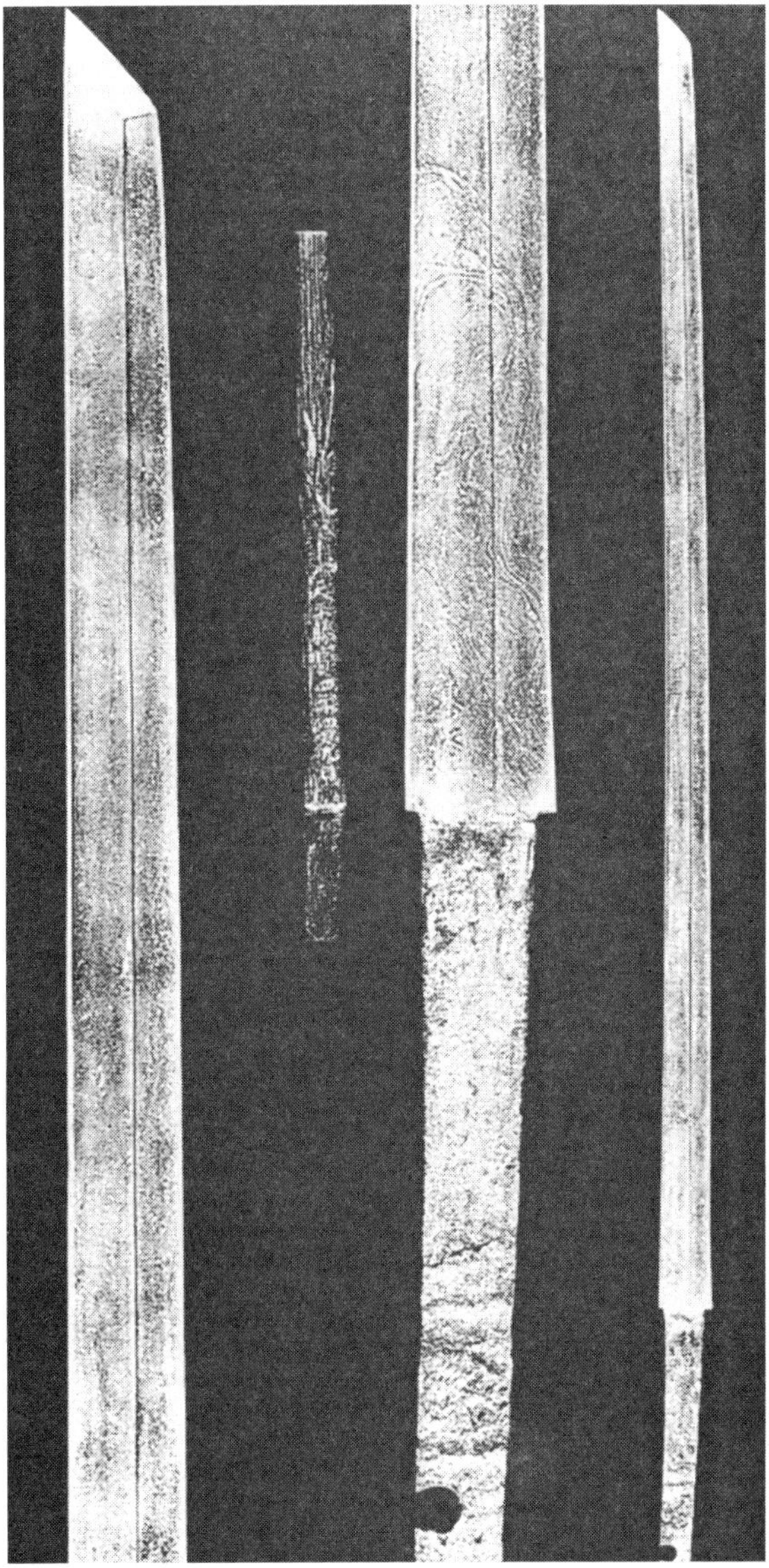

第８図　破陣楽大刀
正倉院　南倉119　第５号乙
東京国立博物館『日本のかたな』より

注2　養老律令《ようろうりつりょう》（養老六年・七二二年）の令の部分の解釈文が、令義解《りょうのぎげ》として天長十年（八三三年）に右大臣藤原夏野等によって作られた。その中に営繕令と関市令がある。営繕令は武器や備品、器具等の製作、修理に関するもので、その第二十に「凡《およ》そ軍器を営造せば皆須《すべから》く様《ためし》に依《よ》るべし、年月及工匠の姓名を題《しる》し鐫《ほり》令《し》めよ。もし鐫題《こうだい》す可《べ》から不《ざ》るが有《あ》ら者《ば》、此令《りょう》を用い不《ざ》れ」という文があり、「兵器は規則によって作られ、作者と年紀を彫らなければならない。もし彫ることができないものはこの令に依らなくてよい（例えば弓矢の矢のようなもの）」と定められている。また関市令は市場での取引に関する法文で「凡出売者、勿為行濫。其横刀槍鞍漆器之属者、各令題鑴造者姓名」とあってやはり刀剣には製作者の姓名を彫ることが定められている。

これらに関しては、刀剣研究家の川口　陟氏はその著『日本刀剣全史』において、この時代の刀剣に銘や年紀を切った例はなく、これらの令は実際に用いられなかったのではないかと書いている。歴史学者にも単に唐制の模倣をしただけという意見が多い。

なお東北の鉄に関することとして、歴史家によく引用されている文が関市令に載っている。つまり「凡弓箭兵器、並不得與諸蕃市易、其東辺北辺、不得置鉄治」とあり、この「鉄治」は前の「弓箭兵器」と対比して「東北方面の兵器の鍛治を禁じた」と解釈すべきであろうとされている。

千坂　そういう職能集団の職能は、評価されるのですか。

加藤　評価してほしい…誇示したい…と銘を入れると思います。というのも例えば塗り物や焼き物でも一般には銘がありませんね。でも陶芸家などある程度の地位がある人は、銘を入れます。だから銘を入れる人、入れない人がいてもおかしくないわけです。一般には姓名を持たない人がほとんどであった古い時代には、銘がないことが一般的であったと思いますが、中には地位の高い人もいたでしょうし、何ともいえないというのが私の考えです。私が小川博士の鏨痕銘《ざんこんめい》の肩書きや姓名に違和感を覚えたのは、銘そのものの内容に疑問を持ったことにありますが、確かに、こんな時代に姓名を切るのかしら、と思ったことも疑問の一つでした。ただ**舞草刀（この場合は宝寿のこと）に関して時代がはっきりしているものは、南北朝以降**ということです。

思い込みによる小川論文

千坂　私も銘の問題にとらわれすぎていたかもしれません。とはいえ、日本刀には偽物が多いですね。
加藤　日本刀は高価ですし、有名な刀であればあるほど偽物が出てきます。
千坂　そういうことを考えますと、銘のあり方をもう少し厳しく見つめていく必要もあると思います。奥州刀の世界を歓迎しようというだけではなく、職能集団のあり方をじっくり見つめてほしいと思うのです。

鎌倉、南北朝以降の職能集団は刀を多数必要とする時代背景から、古代より多くの刀を作りだしたんですね。その中で作られたものが舞草刀であり、観智院本は彼ら刀工のアイデンティティを主張するために必要だった。

一関市博物館は、「日本刀のルーツは舞草刀だ」という小川琢治さんの論文に影響された人たちの勧めで、「舞草刀」と称されるものを高いお金で購入して展示することになったといわれています。「舞草刀」が一関の地域文化のPRになるという考え方が、その根底にあるのです。

加藤　「奥州刀」、「陸奥の刀」という用語が古典文学では比較的出てきます。あるいは「舞草刀」、「舞草」という言葉も、刀剣古伝書の古刀工の中にもわりあいに出てくるんです。一昔前の人たちは刀といえば備前と思っていました。しかし刀剣書を読んでいると、古い時代の奥州の刀工銘が意外に出てきます。小川さんはそういう点に着目したのでしょう。小川さん自身が地理学者、地質学者ですし、漢籍や史書にも秀でていましたから。小川さんが刀剣書の奥州刀に興味を持ったのは、ある意味で当然の帰結かもしれません。

私自身もそうでしたから。刀剣の研究をしていると、日本刀のルーツはどこかということを知りたくなるのです。そういう気持ちを持って刀剣書を読み、奥州の刀や蕨手刀などが出てくると、驚いてしまいます。もしかすると日本刀のルーツは奥州かもしれないと、私も小川さんの話を知る以前からそう考えていたんです。

庖丁物（舞草延房短刀）忠　（實大）

無銘の草紙銘文より一部を寫眞上に轉寫したもので、内面に模糊たる凹凸は殆ど悉く磨滅した文字の痕跡である天國獅子王丸の大字だけ双鉤にて示し、延房の大字も幾つも認めるが之を省いた。

小川琢治博士の妄想の産物
博士所蔵の無銘の短刀の茎にこのような
草紙銘（鏨痕銘、隠し銘）が見えたという

第９図　草紙銘（朱鳥元年銘）例
『史林』第十巻　第一号「古刀銘の研究」より

だが、なぜ小川さんがその世界に飛び込んだかというならば、偽物の刀を鑑定家に見せ、「これは偽物、偽銘だ」と言われ、では本当の銘は何だろうと考えた。そこからこれには年紀があるとか、別の銘があるとか、そういう推測に走ったのだと思います。私どもは刀を見るとそれが無銘であろうと偽物であろうと、どこかに本当の銘はないだろうかと探す癖があるからです。

千坂　自然のものでも、思い込むとそんなふうに見えるものですからね。

加藤 そうですね。以前に読んだことがあるのですが、表面がつるつるして何が書かれているかわからないような古い墓石から、銘や戒名を読む人がいるそうです。

千坂 それは、あると思います。私どもの地区には、「骨寺村絵図」という、今から七百年くらい前の中尊寺領の絵図があるんです。昔は「ホネデラ」と言ったのか「コツデラ」と言ったのか発音はわからないのですが、その地域を調査することになったのです。

その絵図に「ミタケドウ」と描かれているところの調査に行ってみたところ、そこは岩盤があったんです。確かに、その周辺は霊的な感じがあって、ミタケドウの跡らしきものがあります。そして岩盤に字のようなものが見えるんです。そうすると中にはそこに「南無阿弥陀仏」という字が彫られているのではないかという気持ちで眺めてしまう人もいるんですね。自然の造作というのはすごいものです。

加藤 そうですね。人間の持っている想いで、いろんなものに見えます。特に、自然石が仏像に見えたり、人に見えたり、いろんなものに見えますね。

千坂 小川琢治さんに関していえば、暗示をかけられて無いものまで有ると信じたくなるといった傾向に陥って、偽造の世界に巻き込まれてしまったのかもしれませんね。

加藤　私も全くそのように考えているんです。当時、小川さんはすでに博士として、権威を持っていた。それで錆び刀や刀剣書を売りつけたりする人たちが小川さんの周辺を取り巻き、焚きつけた。その中で小川さん自身も、思い込みが強くなっていったと思うんです。なおかつ、小川さんは知識が豊富でしたから、言われたことを知識に照らし合わせ、言葉捜しをした。その言葉を使って年代を並べてみたり、刀工名を考え出す。そういう妄想の世界に、小川さん自身が入って行ってしまったのでしょう。

小川論文引用の悪循環

千坂　小川さんは当時かなり有名で立派な先生でなおかつ病気でしたから、周囲もこれに打撃的な反論をせず、黙殺したのでしょう。私はそれが舞草刀論議の根底にあると思うのです。学問的にしっかりとした論議を避け、町おこしや金もうけをしようとする人々が大勢いて、それと小川琢治さんの論文を利用しようとする動きが結びついてしまったのだと思います。

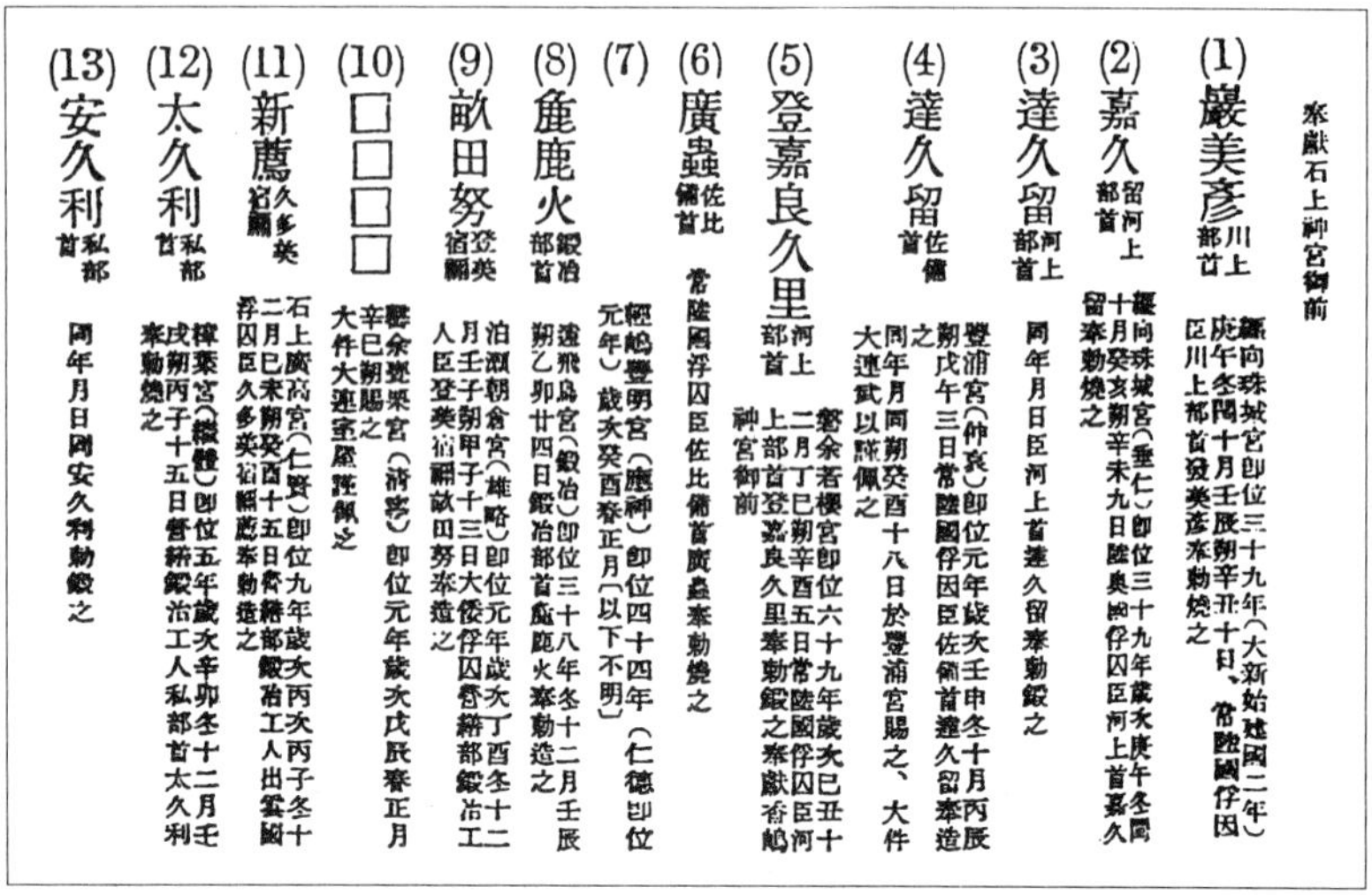

奉獻石上神宮御前

(1) 巖美彦 川上部首　纏向珠城宮即位三十九年(大新始建国二年)庚午冬閏十月壬辰朔辛丑十日、常陸國俘因臣川上部首巖美彦奉勅燒之

(2) 嘉久留 河上部首　纏向珠城宮(垂仁)即位三十九年歳次庚午冬閏十月癸亥朔辛未九日陸奥國俘囚臣河上首嘉久留奉勅燒之

(3) 達久留 河上部首　同年月日臣河上首達久留奉勅鍛之

(4) 達久留 佐備首　豐浦宮(仲哀)即位元年歳次壬申冬十月丙辰朔戊午三日常陸國俘因臣佐備首達久留奉造之　同年月同朔癸酉十八日於豐浦宮賜之、大件大連武以謎佩之

(5) 登嘉良久里 河上部首　磐余若櫻宮即位六十九年歳次己丑十二月丁巳朔辛酉五日常陸國俘囚臣河上部首登嘉良久里奉勅鍛之奉獻石上神宮御前

(6) 廣蟲 佐比備首　常陸國俘囚臣佐比備首廣蟲奉勅燒之

(7) 輕嶋豐明宮(應神)即位四十四年(仁德即位元年)歳次癸酉春正月(以下不明)

(8) 麁鹿火 鍛冶部首　遠飛鳥宮(鍛冶)即位三十八年冬十二月壬辰朔乙卯廿四日鍛冶部首麁鹿火奉勅造之

(9) 畝田努 登奨宿禰　泊瀬朝倉宮(雄略)即位元年歳次丁酉冬十二月壬子朔甲子十三日大倭俘囚眷綿部鍛冶工人臣登奨宿禰畝田努奉造之

(10) □□□□　磐余甕栗宮(清寧)即位元年歳次戊辰春正月辛巳朔賜之大件大連室屋謹佩之

(11) 新薦 久多奨宿禰　石上廣高宮(仁賢)即位九年歳次丙次丙子冬十二月巳未朔癸酉十五日眷綿部鍛冶工人出雲國俘囚臣久多奨宿禰新薦奉勅造之

(12) 太久利 私部首　檜隈宮(繼體)即位五年歳次辛卯冬十二月壬戌朔丙子十五日眷綿鍛冶工人私部首太久利奉勅燒之

(13) 安久利 私部首　同年月日同安久利勅鍛之

小川琢治博士の妄想の産物
草紙銘（鏨痕銘、隠し銘）を引用する人が出た
博士所蔵の錆刀に見えたという

第10図　草紙銘例　蝦夷鍛冶

『かたな』第二九四号より

加藤　ですから、小川さん自身にはある意味で迷惑な、墓から掘り出されるという気分になる、奇妙な事件が起きてしまったのだと思います。小川さんの子息である湯川秀樹さんのお友達の方にもこのように墓を掘り返したような話をしていいのかい、と心配する人がいたそうです。

　西尾銈次郎博士が、科学史研究第四十二号の論文の中で、ちょうど自分が小川博士を訪問したとき、精神科の大家、今村新吉医学博士が帰られた後だったと書いています。

千坂　それは誰が掘り返したのですか。最近、あまり物事を考えずに掘り返すことが多いようですが。それはやはり、前段があるわけなのですか。

加藤　私の知る限り、一番最初は、和田重之という広島高師の先生です。昭和十九年に小川博士の論文を引用したんです。『砂鉄と日本刀』という本で、その中の日本刀の部分は、小川さんの論文の盗作と言っても過言ではないほど、丸写しなのです。

　とはいえ、それは戦争中の話で、一番影響力を持っているのは、窪田蔵郎さんでしょう。昭和四十一年に『鉄の生活史』に引用したのを皮切りに『鉄の考古学』などいろいろと鉄の文化を論じていますが、その中での、あの方の引用が、一番大本になっているようです。

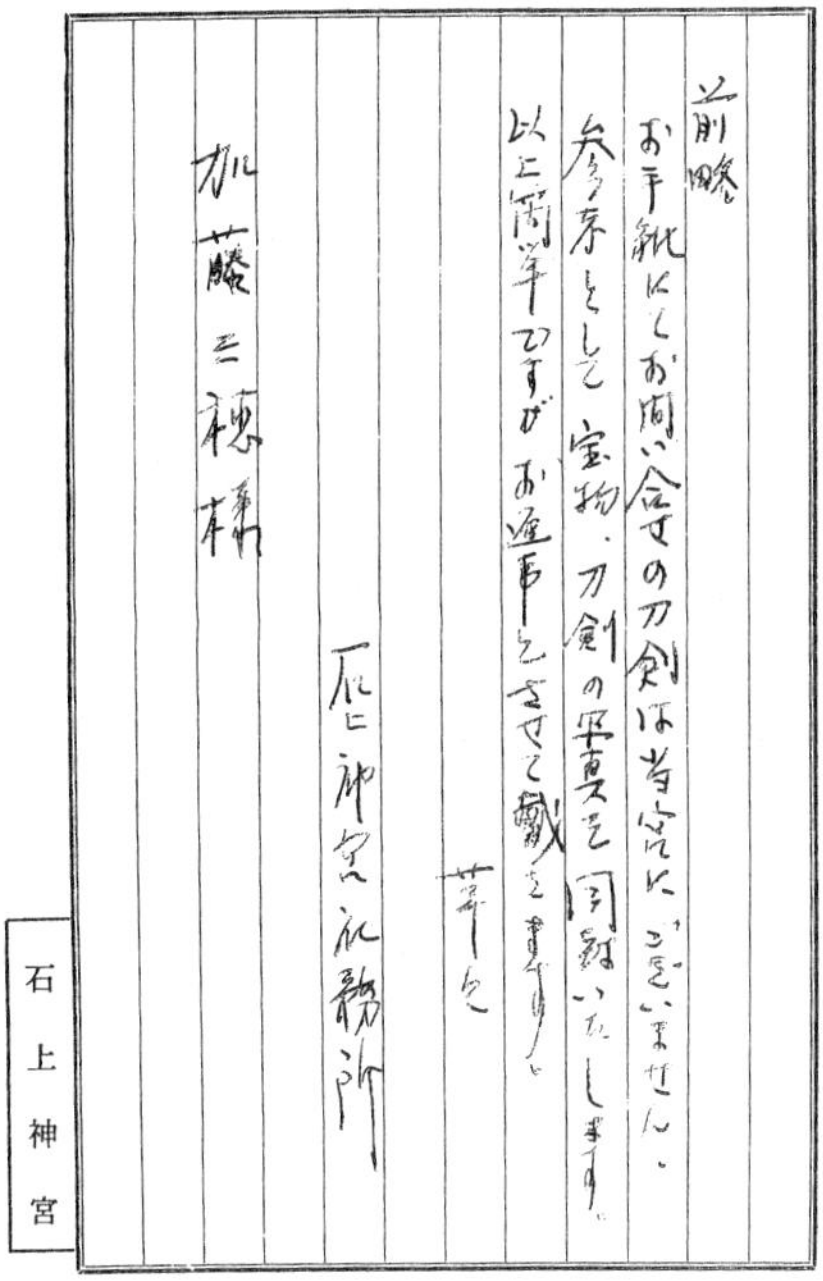
前略
お手紙にてお問い合せの刀剣は当宮にございません。
参考として宝物・刀剣の写真を同封いたします。
以上簡単ですがお返事とさせて戴きます。
草々
石上神宮社務所
加藤三穂様

石上神宮

第11図　「舞草鍛冶在銘刀の存在は事実ではない」という石上神宮からの否定の手紙

　私自身も『鉄の生活史』の中に引用されている「石上神宮に残る刀剣類に彫られて今に残る、常陸国俘囚臣川上部首厳美彦、陸奥国俘囚臣河上首嘉久留、河上首達久留などや、月山鍛冶の始祖といわれる陸奥国月山住俘囚臣宇久利、同賀久利、漢人俘囚臣佐比忌寸、陸奥国月山住俘囚臣首多久利などはみなこのような悲しい前歴をもった人々だったのである」の、これらの引用された小川博士の鏨痕《ざんこん》銘に興味を持ち、また名前の異様さに大いに疑問も持ったのが、調べてみようと思った始まりでした。その後、石上神宮に直接おたずねしたところ、そういうものがあったという事実はないとの返事でした。このことは、私の論文で言及しています。

その後にこれらを、昭和六十三年の佐藤矩康さんの『幻の刀工達』、昭和六十四年の柴田弘武さんの『鉄と俘囚の古代史』を始めとしていろいろな方が論文に引用しています。最近では谷川健一さんの編纂した『金属と地名』に千田一司さん、谷川健一さんが引用していますが、ただ谷川健一さんはその内容に強い疑問も呈しておられます。

小川さんの論文は当時はほとんど無視されていたのですが、昭和五、六年頃に小川さんの鏨痕銘を受け売りして吹聴した人もおりました。清水孝教という人が、『刀剣と歴史』という本に連載し、それをまとめて『刀剣実証鑑定法』とか、『刀剣の新研究』などの本を出したんです。この刀にはこういう銘が見えたとか、無銘の刀でも銘が読めるとかいう話です。

そうしましたら北海道の室蘭市の佐藤富太郎という人が、刀工の堀井秀明さんの協力を得て、「刀工が鍛造過程で刀身に銘など彫ることは絶対ありえない」、「全くの痴人の妄学だ」などと猛烈な反論を書いたんです。

福永酔剣さんの話では、刀剣研究家で『日本刀剣全史・全八巻』を書いた川口　陟さんが、屋根瓦で刀の茎の押し形を作って清水孝教氏に送ってやったら、刀工の名前が読めたと言ってきたという笑い話もあるそうです。

そんなわけで刀剣界では無視されていたという経緯がありました。小川博士は銅鏡の鏡面や銅仏にまで銘がたくさん読めると言っておりますが、鍛造のものならともかく鋳物にどうやって草紙銘（隠銘・鏨痕銘）（注3）を刻み込むのでしょうか。これだけ見ても妄想だとわかります。

先ほどの話にもう一度戻りますけれど、小川さんがなぜそのようなことを言い出したかというと、刀剣書に古い刀工として奥州刀工の名が出てくるという事実なんです。

それから喜田貞吉さんが蕨手刀など西の地域で出ていない刀のほうを日本刀の源流ではないかとサジェッションをしていたことが言えると思います。

もう一つは吉田東伍（一八六四〜一九一八）さんがそういった背景をつくったという

奥州住舞草文壽四郎包次　飛鳥浄見原宮改元四年丙子六月朔日
奥州住舞草太郎延房　朱鳥元年丁亥□月□日
朱鳥四年庚寅□月□日
羽州住月山友則　和銅四年辛亥四月朔日
奥州住舞草友光　天平勝寳元年己丑□月□日
天平寳字元年丁酉□月□日
（和州住友光　天平寳字九年乙巳□月□日
同人和州に移住せるならん）
奥州住舞草文壽寳次　寳龜元年庚戌□月□日
奥州住舞草安房　天長八年辛丑五月朔日
奥州住舞草世安　承和元年甲寅□月□日
羽州住月山有正　貞観元年己丑九月朔日
羽州住月山近則　寛平元年己酉□月□日
奥州住舞草森房　延喜十五年乙亥月日
奥州住舞草飄諵行光　延長元年癸未六月□日
奥州住舞草雄安　承平元年辛酉□月□日
奥州住舞草安光　天延元年戊戌□月□日
奥州住舞草光長　天禄元年庚午□月□日
奥州住舞草寳壽信房　永観□年□□月□日
奥州住舞草寳壽基高　寛弘八年辛亥□月□日
羽州住月山定則　永承五年庚寅□月□日

小川琢治博士の妄想の産物
草紙銘（鏨痕銘、隠し銘）を引用する人が出た
博士所蔵の錆刀に見えたという

第12図　草紙銘例　舞草鍛冶
『地球』第三巻第三号より

こと。つまり彼は地方のいろいろな地誌を集めて、地図書や論文を書いたんですね。小川さんが一関の舞草刀などをとりあげたのは、吉田東伍さんの地名辞典などから影響されているわけです。
つまり、地元の方が書かれた地誌が吉田東伍さんのところにいって、吉田東伍さんから小川琢治さんに伝わり、小川さんの話を一関の人が引用するというように循環していったというのが実態だったと思います。吉田東伍さんも小川琢治さんも一関には行っていませんね。

注3　草紙銘（隠銘）　小川博士は鍛刀作業中、つまり鍛練時に切った銘を草紙銘又は隠銘と呼び、完成後に切られた銘、通常、我々が目にする銘を清書銘と呼んでいる。一般には草紙銘を痕跡から読むということで鏨痕銘又は残痕銘と呼んでいる。鍛刀作業中に銘を切ることなどは絶対に有り得ない。全くの小川博士の妄想である。

千坂　私は、そのような事態の根底に学問の不毛があると思うんです。戦争との関わりで日本刀は、日本軍国主義の象徴のように捉えられ、それが日本刀評価の不幸な歴史を生み出してしまったのです。

しかし今日、加藤さんのお話を聴いているうちに、日本刀は殺しの道具だけでなく、権力の象徴だったという捉え方を知り、もっと冷静に日本刀について考える必要性を感じました。なぜ権力が象徴として刀をほしたのかということ。この点を考える必要があります。

確かに、奥州藤原氏が権力の一端を握った時代があった。しかし、権力を担ったから無条件に素晴らしいものを造ったはずだという考え方で舞草刀に結びつける必要はないんです。福原、平泉、鎌倉、あの時代の貴族から「もののふ」の世界に移行する中で、日本刀の果たした役割とは一体何だったのか、ということを考え直してみる必要があると思います。

日本刀ルーツ論議を真の学問へ

千坂　立派な学者が「奥州刀の中の舞草刀が日本刀のルーツだ」と言ったというだけで

すぐに飛びつくという態度そのものが、学問の不毛だと思うんです。こんなことを言うと舞草刀研究会の方々に失礼になってしまうかもしれませんが、「舞草刀」の研究は、地域おこしの目的や、独断的すぎる視点が強くなりすぎてしまい、奥州刀のあり方を逆にくらませてしまっているように思えます。

加藤　やはり一番の原因は、先ほど言われましたように、一関市博物館の中に舞草刀を何とか加えさせようとした非学問的な思考からスタートしたことだと思います。

千坂　私は、一関の博物館にとって一番の恥は、舞草刀のコーナーだと、作っている段階から発言していました。日本刀の問題は、東北の文化の問題として、受け止める必要があるんです。まだ伝承にすぎない世界を歴史のコーナーのように作るという文化行政のあり方は危険です。市立博物館として、本来学問の中枢となるべき部署が、そのメインとなる話のウワサをうのみにして、確認作業をしなかったということにも問題があるのです。地元の恥を晒すような感じになってしまいますが、これを機に日本文化全般の中で考えていただきたいと思うのです。恥をかくことは、それをモノにするということでもあるのですから。

小川琢治さんについて再三、悪い例ばかり、取り上げてしまいましたが、小川さんがなぜ奥州刀に目を向けたのか、そして彼が晩年にやれなかったことは何か、それを理解し我々がしっかり実証する必要があると思います。

加藤　そうですね。結局、小川さんの話を学問的に検証しないで、「いいとこどり」、いや「悪いとこどり」と言ったほうがよいかもしれませんが、少し刀のわかる、素人によって刀の商売に利用されてしまったのでしょうね。商売は本当の意味の商人に委ねたほうがいいんじゃないでしょうか。

千坂　本当に一番困るのは、それを徹底的に自分の金儲けに利用しようとする人です。青森の和田喜八郎さんのように自分で偽書を作る行為は意識的なものです。それにだまされてしまう人が多いというのは、古代史の読み方に問題があると思うんです。**ニセ古文書『東日流外三郡誌』を読むように観智院本などの古伝書を読んでしまっては、学問的に離れたところへ行くだけです。**

加藤　砂鉄川の話もそうですね。先ほど言ったように、それは一関周辺の人が書いた地誌なんです。それが吉田東伍さんのところへ行き、小川さんを経由して一関へ戻ってくる。そうすると小川さんの砂鉄川の話が自分たちが今まで伝承してきたものと一致するから、これは史実だというのは危険なことです。『東日流外三郡誌』の筆者と読者の関係と全く同じです。

それから、誰々の刀工の何年の銘が舞草にあるという話。刀剣の古伝書の中に書かれていますし、書物の中にも似た話がある、みんな舞草の刀工の名前も年代も、なんとなく知っていますから、それが小川さんから戻ってくると、照らし合わせて一致するということで納得してしまうんです。

偽書でもなんでも利用しようというのなら別ですが、『観智院本』というのはどの程度のレベルのものかを知っていないとだめです。永仁の壺事件のように重要文化財（現在は解除）といえども偽物があるのです。『金属と地名』の中で、千田一司さんはこれを一級資料と書いているんです。

千坂　私はそのような見方には最初から問題視していました。かつて東北大学で学んでいるとき、主任教授の志村良治先生から自分で判断することの重要性を教えてもらいました。あるとき、中国学の権威の吉川幸次郎さんの説を引用したら、こっぴどくしかられました。権威者の言うことだから正しいと簡単に考えてはいけない。いろんな人の言うことを総合して、自分自身の判断をしなくてはならないというのです。『観智院本』の内容を百パーセント信じるというのは、常識ではとても考えられないことです。

ニセ古文書『東日流外三郡誌』と『観智院本』

加藤　観智院本に関して、**間宮光治さんは『刀剣美術』誌に「観智院本について」**という論文で徹底検証されています。特にこの論文の中で、**その奥書について「此奥書なるものは偽書の疑いが濃い」と書かれています**。そして「刀剣古伝書についての校合、整理についての研究は一層進められるべきものであって、このまま放置しておくことは許されるべきものではなかろう」と言っておられます。

私も全く同意見で、果たして**応永三十年（一四二三年）の古写本かということになりますと、疑わしい**と思っておりますが、舞草刀研究会でもこういう話をしていただきたいと思います。

千坂　私は直感的に偽物だと思いました。職能集団が自分たちのアイデンティティをつくるために作ったのだと。

話は変わりますが、『舞草刀研究紀要』や『幻の刀工達』に、佐藤矩康さんという人が『東日流外三郡誌』をたくさん引用されていますが、加藤さんはどう思われますか。

加藤　私は小川琢治博士の鏨痕銘による、俘囚鍛冶などの刀工銘に、最初は興味を持ち、しかしそのうちに大変違和感を覚え、疑問を感じたことから、小川さんの業績や論文の検証をしてみようと思い立ち、時間はかかりましたが、検証の結果、否定すべきものであると確信して論文を書きました。

同様に、私自身も、東日流外三郡誌の話を知ったときには、大変興味を引かれましたが、しかし読んでいくうちにこんなおかしな話があるだろうかと思い始めたんです。そのうちに、九州別府の野村孝彦さんから、写真盗用事件の話をお聞きし、やっぱり偽書だと確信したんです。東日流外三郡誌の中の刀工銘などは異常です。佐藤矩康さんが興味を持たれたのも当然とは思いますが、しかし書物に引用するときには慎重な検証が必要です。

私はかねがねこう思っているんですが、人間は間違うことがあるので、自分や自分の意見に対して、辛口の批判をする友人を持つことが必要だと思います。それが真の友人ではないでしょうか。もし、耳障りのよい批評や話だけであれば、おかしいと思わなければなりません。裸の王様になってしまいます。

世の中には、一見もっともらしい顔をして、人をおだてて裸にしてしまおうとねらっている人がたくさんいます。陰で笑っているんですから、裸にされた人は惨めですね。

歴史家の格言の「自分に都合がよい文献や資料が出てきたら、まず疑え」という言葉を噛みしめる必要があると思うんです。

千坂　この中に和田喜八郎さんの「日之本東日流古事録」という文が引用されていますが、文章自体がでたらめなのは別にして、最近の言葉が出ているように思うんですが。

加藤　全くその通りです。「玉刃金とせるは」など、長享や寛政の時代にある言葉ではありません。刀剣をちょっと研究した人なら、すぐ気がつくはずだと思うんですが。これは最近の言葉です。「玉刃金」という言葉があるのかどうかは知りませんが、「玉鋼」という言葉は存在します。一般の人は、日本刀は古来より玉鋼で作られている、として知っていますが、日本刀の材料としての玉鋼という言葉は案外新しくて、明治あたりからの言葉です。

元々は、日本刀を作る鋼は、造り鋼（つくりはがね）と呼んでいました。玉鋼とはケラを砕いて、造り鋼を取った残り物の粒を呼んだのですが、明治になって陸海軍工廠がこれを買い上げ、弾丸や大砲の材料にしたので、誤って和鋼全部を玉鋼というようになったといわれております。一説には弾丸鋼つまり玉鋼というようになったともいわれています。

福永酔剣著『日本刀大百科事典』、鈴木卓夫著『たたら製鉄と日本刀の科学』などを見ていただけばすぐわかります。昭和十年に書かれた『和鋼について』という工藤治人博士の論文にも出ております。和田喜八郎さんはそんなことも知らずに偽書を作ったのでしょう。

先ほどの話に戻りますが、間宮光治さんには舞草刀研究会で、観智院本に対する研究と年来の主張、正しい評価の話を、是非、講義してほしいと思うのですが。寄せ集めの刀剣書であるという事実も含めて。**舞草刀の話になると観智院本が重要文化財として使われるのでは正しい利用の仕方とは言えません。**

千坂　そう言わざるを得ないような、周りの雰囲気にのみ込まれてしまったのかもしれませんね。また、日本人の場合、おかしいと思っても、なんとなくさからいたくないという気持ちが先立ちます。ひどいときには同意してしまう。ここにも学問の不毛が根底にあるような気がします。

「小川琢治さんが言ったから信用する」「重要文化財になったから、これは確かなものだ」こういう単純な位置づけが、いかに学問的でないかということに気づいていただきたいのです。

例えば今日のお話の中にあったように、鉄というのは埋もれて残らないが、残っている鉄にはどんな意味があるのか。また、西と東の文化はどのように違うのか。そういうことを学問的に考えず、単に地域おこしに利用する動きがあるんですね。

地域づくりと舞草刀

加藤　先ほどお話をしましたように、蕨手刀、奥州刀が日本刀の源流の一つではないかということ。箱根から東の地域にはいろいろの面があるのではないか。それから一関も素晴らしい文化を持っていた、このことについては全く異議がありません。どこの土地にもそれぞれ素晴らしい文化がある、これは当たり前の話ですから。

ただ**小川さんの話を権威づけとして使うやり方は『東日流外三郡誌』という偽書づくりと同じだと思うんです**。正しい奥州刀、舞草刀への理解は、一関の誇りを否定することにはつながらないと思います。鉄の文化に関しても、一関は素晴らしいものを持っていると思います。年代や規模など、遺跡発掘と評価に待たなければいけませんが。

千坂　なぜ舞草刀が日本刀のルーツに擬せられたのかを考えてみると、奥州藤原氏があったからだと思うんです。伝承としてそこに行きたくなるような雰囲気があったのだと思います。みんなが広い視野を持って、日本刀と文化の問題を議論できるようになればいいと思います。

加藤　議論できるようになると思いますね。例えば北上川の源流はどこだろうと考えてみます。地図上では、どこかにあると思うんです。法律上は別にして、長い支流が源流なのか。短いところなのか。水の量が多いところが源流なのか本当の源流はわからない。ですから、北上川の源流というのは、たくさんあるのではないでしょうか。それらをすべて集めて北上川になっている。日本刀も、いろいろなところの源流が集まって、成り立っているんです。その一番古いところの一つに蕨手刀がある。舞草刀もその一つの支流、あるいは本流かもしれない。そういう考え方もあります。

千坂　加藤さんの意見に賛成です。いろいろな文化の交流があって、今の日本がある。文化の交流を無視して、自分たちのアイデンティティを語るということは、おかしいと思うんです。

加藤　そうですね。日本列島には、石器時代の遺物に石刀というものがあります。石に刃がついた石斧のようなものですが、あまり、源流論にこだわると、それを日本刀の源流だと言いたくなりますね。日本刀のルーツには直刀も入っているだろうし、蕨手刀も、いろんなものが入ってくる。その中で、今日の日本刀が構成されてきたと思うんです。その大部分の流れが箱根から東にあったと考えています。

千坂　日本刀のルーツという問題も、文明と文化のせめぎ合いの中でつくられたということを踏まえて考えなければならないと思います。そうでなければ、舞草刀論議は不毛になってしまいます。

不幸なことに一関の刀剣愛好家の中にも金を出して買うアメリカの学位と称するものを使い、その力によって舞草刀の価値を高めようという人も出てきました。**ニセ古文書『東日流外三郡誌』が出てくるような世界に、日本刀のルーツ論議が巻き込まれてしまうのは、悲しい**ことです。衣川村に「安倍頼時の骨」と称して埋葬された「クジラの骨」の出来事と同じような段階に一関もなっています。

加藤　舞草刀についていろいろと研究してみても、底が深く、わからない点もたくさんあります。真剣に取り組むことは素晴らしいことだと思います。ですが、誤った思想を押しつけたり、ニセの権威をふりかざしたりすれば、話はお仕舞いになってしまいます。

舞草刀研究と一言で言いますが、それが何を意味するのかを、はっきりさせることが必要だと思います。私が冒頭に定義したような日本刀を言うのか、蕨手刀、毛抜き形蕨手刀、毛抜き形太刀や立鼓柄刀《りゅうこづかとう》を言うのか、あるいは、それぞれの原材料が鉱石か砂鉄か、または餅鉄か、さらには製鉄遺跡、鍛冶遺跡、鍛刀遺跡はどこにあるのか。製鉄技術、鍛刀技術はどうなのか。まず、舞草刀とは何かを定義して、発掘結果など実証主義に徹底すべきであると思います。ぜひ、批判に耐えうる、学問的な論文を発表してくださる方が現れてほしいものですね。

一関の地誌や伝承なども、どんな背景があって成立したものか、その底本にどんな資料が使われていたのかなども、ぜひ研究してほしいと思います。

もし私が、最初に定義した日本刀のルーツが舞草であるというのであれば、私の意見としては、少し的の絞り過ぎであり、東北へ寄り過ぎていると思っております。

博物館が購入した「舞草刀」

千坂 一関市で買った建武年紀（一三三四年〜一三三七年）の宝寿という銘がある、舞草刀と称するものについて、加藤さんはどう思われますか。

加藤 確かに、刀剣書には、舞草に「宝寿」という銘を打つ刀工がいたと書かれております。それから南北朝時代に、宮城県の玉造付近に「宝寿」という銘を打つ刀工がいたとも書かれています。南北朝時代といわれている宝寿銘の刀が確か二、三本はありました。また、私は見たことはありませんが、延慶四年紀（一三一一年）があって「大和国塔本宝寿」と銘がある剣があり、大和国の宝寿も存在するといわれております。「宝寿」という刀工の名前は、大変縁起がいい名前であるということで、幕末まで存在します。余談ですが、幕末の有名な米沢の刀工で、長運斎加藤綱俊という人がいますが、その兄弟に加藤助四郎宝寿といい、宝寿と銘を切る刀工がいました。

刀剣については、偽物か本物かという鑑定は、先にも申し上げたように、人間が鑑定し、あるいは文化庁が重要文化財として指定したりしているのであって、決して科学的に実証して言っているのではありません。私はこの「宝寿」は年紀通り、南北朝時代頃のものではないかとは思っておりますが。

かつては、この建武年紀の宝寿は重要美術品の指定を受けておりました。今はそのような制度はありませんが。これも先ほど言いましたように、重要文化財であるから、重要美術品の指定を受けていたから、立派な刀であるとは一概に言えません。もちろんこの刀は立派な日本刀であるとは思いますが。ただこれが舞草刀であるともないとも言えません。

千坂　『東日流外三郡誌』のようなものにだまされてしまう要素というのは、何なのか。政治家にだまされるというのも、一つにはあると思います。一関でもある政治家が市長選挙の資金として五千万円だか、一億円を用意したとある集会で自分で言ったらしいのですが、その出所は一関の博物館建設にからんでいたと噂されています。もし、それが本当だとしたら舞草刀研究会の大半の研究熱心な地元の人やその会が食い物にされたことになります。そのような事態を防ぐにはやはり、学問的に自分たちの伝統についてしっかりと考えるということが必要になると思うんです。それを抜きにすれば、文化行政はますます不毛になっていきます。一関、平泉を中心にする地域はやはり素晴らしいと言っていただけるような町になってほしいと思うのです。

加藤　舞草刀を研究し、舞草刀そのものを顕彰することは素晴らしいことだと思っています。ただ、今のような『東日流外三郡誌』のようなアプローチの仕方は、間違っていますね。ロマンや夢を追うだけでなく、科学的な実証をしてほしいと願っております。

千坂　そうです。たとえ立派な学者であっても間違いはあるものです。文化活動をするときには、人間の見方が大事になるのです。

加藤　その通りです。**刀の偽物はそれきりのものですが、人間の偽物を認めてはいけません。**人間の偽物は増殖し、悪さをします。その点からすると、喜田貞吉さんという方は素晴らしかったと思います。あの方は単行本は誤りを修正しにくいからと、ほとんど単行本を出さず、論文ばかり発表していました。論文というものは「あれは間違いであった」と自分の考え方を訂正するチャンスがある。考古学には新たな発見の可能性があり、訂正しなければならないことが起きる。だから論文しか書かないと言っておられたそうです。

　それからあの方は、文部省にいたときに、南北正閏《なんぼくせいじゅん》問題《もんだい》にひっかかり、職を辞さなければなりませんでした。明治時代でしたから、南朝が称賛されて、北朝抹殺論が起きたときに、「南朝も北朝もあった」と言ったので、右翼から攻撃され、追い出されてしまったんです。

千坂　喜田貞吉さんという方は、日本史研究者以外には知られていないんですね。一方の小川琢治さんという方は地理学者で、地質研究もしているんですね。小川琢治さんと言えば、中国文学の小川環樹さんや、ノーベル賞をもらった湯川さんのご父君ですから一般の人は喜田貞吉さんより知っている。しかし、だからと言って「その人のほうが権威がある」ということにはなりません。博物館のコーナーに展示されているとか、観智院本が重要文化財だからとか、アメリカの学位（実際にはニセ学位）を取ったからとか、権威ある人が保証しているからとか。

こういったことを主張するのは、どこかウソ臭く、真の学問から縁遠いものです。これからも、加藤さんがそういう欺瞞的なものを持ち前の実証主義で打ち破って行くことを期待します。

加藤付記

谷川健一編集の『金属と地名』の「俘囚の役割」の中で、谷川健一さんは小川琢治博士の論文について、「ただ問題はそれらの銘文のある刀がどこにあるか、小川が明記していないことである。またそれに触れた小川以外の論文を私は見たことがない。私は刀剣史の知識が全くないから、各位にご教示いただきたいのであるが、今のところ小川論文への疑念を一掃するまでに至っていない。」と述べておられました。私が書いた小川博士に関する否定の論文に福永酔剣博士著日本刀大百科辞典などの資料を添えて、お送り申し上げましたところ、「永年の疑念が氷解した」というご丁重なお返事をいただきました。

また私は、刀剣研究家の佐藤幸彦さんが昭和五十八年八月号の『春霞刀苑』の中の小川博士の論文に触れた話の中で、「実証鑑定法ならずとも、正しいという証拠も誤りという証拠も無く、それでいて尤もらしい印象を与える説は、屡々人を惑わすものである。」という言葉を、自戒を含めて、舞草刀研究に興味を持つ人たちに捧げたいと思います。

※　第四部は、一九九九年九月二十日発行、対談集『東北を語る』(本の森、絶版)の内容を、加藤三穂氏と二〇一一年に相談し一部を割愛し再録したものである。

加藤　三穂(かとう・かずほ)　一九三二年　東京生まれ。電気通信大学卒業。(財)日本美術刀剣保存協会鎌倉支部理事。『日本刀と中国における日本刀詩』『琉球刀と中国における琉球刀詩』『観智院本銘尽の難解文字について』『舞草刀と小川琢治博士』等の論文を書く。

第五部　本寺地区の地名について

――中尊寺領という思い込みでなく自然地形を見つめよう――

千坂げんぽう

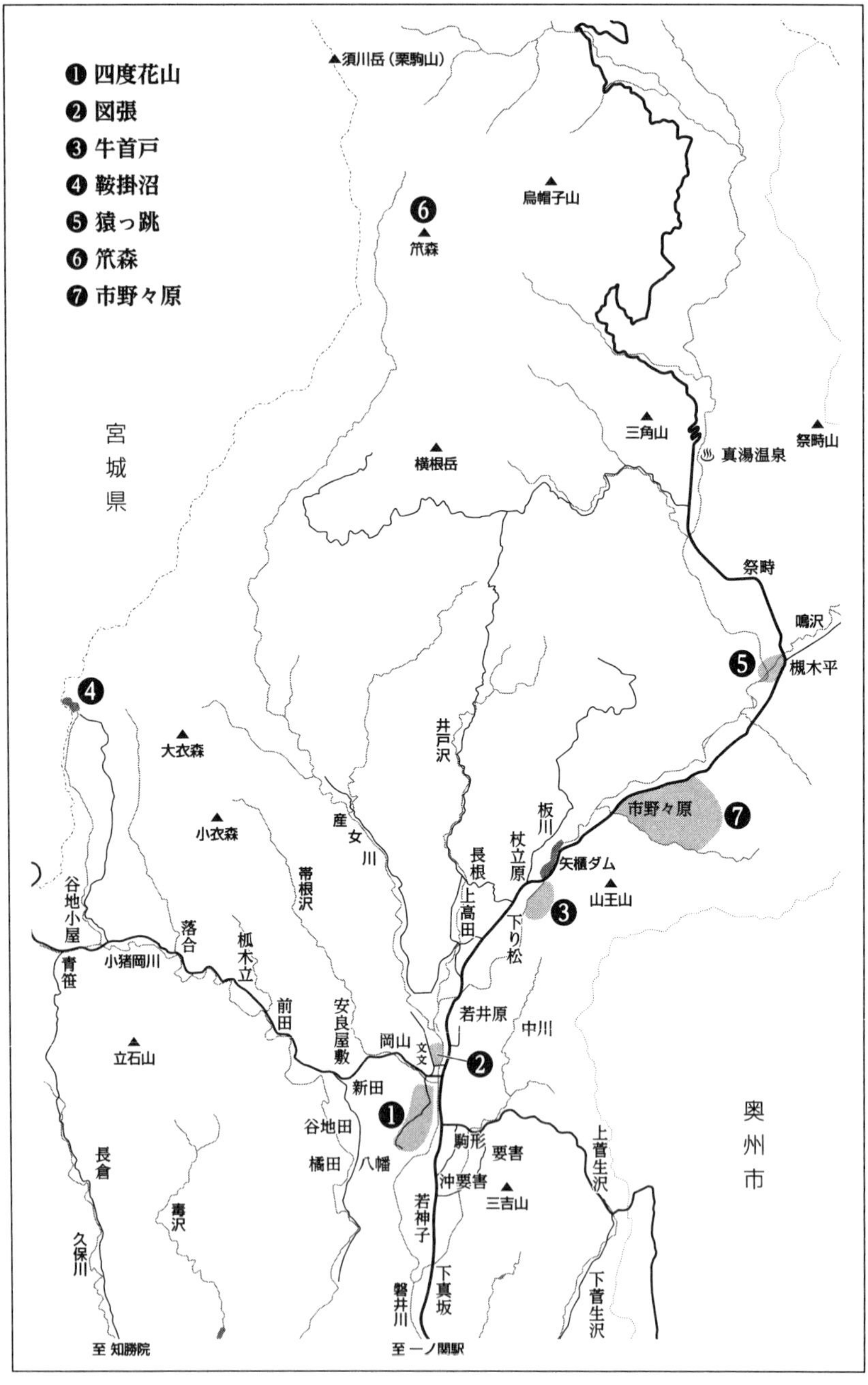
❶ 四度花山
❷ 図張
❸ 牛首戸
❹ 鞍掛沼
❺ 猿っ跳
❻ 笊森
❼ 市野々原
須川岳（栗駒山）
烏帽子山
笊森
三角山
真湯温泉
祭畤山
横根岳
宮城県
祭畤
鳴沢
槻木平
井戸沢
大衣森
小衣森
産女川
帯根沢
板川
杖立原
長根
矢櫃ダム
山王山
上高田
下り松
市野々原
谷地小屋
落合
椢木立
小猪岡川
青笹
前田
安良屋敷
岡山
若井原
中川
立石山
新田
谷地田
橘田
八幡
駒形
要害
沖要害
三吉山
上菅生沢
奥州市
長倉
毒沢
若神子
久保川
磐井川
下真坂
下菅生沢
至 知勝院
至 一ノ関駅

プロローグ

一九八二年（昭和五十七年）、父・祥雲寺十五世圭巌和尚が脳梗塞性の認知症になり、全く葬式・法要ができなくなったので、私は仙台市にある聖和学園短期大学に勤めながら祥雲寺の仏事もこなすことになった。

翌年から家族も一関市に転居し、ＰＴＡ活動を通して本格的に一関市の教育や政治風土と関わるようになった。（これについては拙著『さとやま民主主義』参照）

数年後、一関市において地方史（一関市史）研究の重鎮と目されていたＹＫ氏が上下二巻の一関市史を出した。早速購入し読んでみると、驚くことに他人の論文を数ページにわたり無断引用しているではないか。その論文は若き日の入間田宣夫東北大学名誉教授の「骨寺村絵図」に関するものだった。

ＹＫ氏は他家から借用した古書などを返却しないと噂されていた人だったが、自分が持っている資料を公開しないで、自分だけが発表するための資料として独り占めしていることでも知られていた。当時、骨寺村絵図のことを知る人は、一関市にはほとんどいなかったので、高をくくって無断引用したのであろう。

私は論文盗用だけでなく、資料を公開してオープンに議論することをしないYK氏の研究姿勢に批判的だったので、元一関市長が在席していた講演会でその旨を話した。そうしたところ、YK氏と懇意にしている元市長が、「YK氏は悪い人ではない。彼もあなたも一関市のことを良くしようと活動しているのだから、手打ちをしなさい。」と言ったのです。そこで私は「私は彼の人柄は知りませんし関係有りません。彼の研究態度に問題があるということを著書で知ったので、その研究姿勢を問題にしているだけです。したがって、彼とおつきあいする必要はありません。」という趣旨の返事をして、元市長の和解策?をお断りした。

このような出来事から、当時ほとんどの人が知らない骨寺村絵図について啓発活動をしなくてはならないと決心し、いろいろな会で私が絵図の世界のことを話したり、入間田宣夫東北大学教授（当時）をお招きしての勉強会などを開いたりしていた。

その後、郷土の問題として平泉の「柳之御所遺跡」保存運動のため「北上川流域の歴史と文化を考える会」を立ち上げ、その流れの中で骨寺絵図の世界についても深く関わることになった。この運動の経過は、関係する資料を終わりに掲載したので参照してほしい。

私たちの運動が実り、骨寺村絵図の世界（厳美町本寺地区）は中世荘園として国指定遺跡となった。また、その後、ユネスコの世界文化遺産に平泉の遺跡と共に本寺地区も一時申請（その後イコモスの指摘で取り下げになる）しようとしたこともあり、そのせいか本寺地区に大きな交流館が造られ、また、一関市博物館による発掘調査などが頻繁に行われている。

私は、地元の「美しい本寺推進本部」と一関市が密接な関係を築くようになったので、骨寺絵図の世界を世に知らしむるという役割は終えたと判断し、活動から手を引いた。

しかし、その後の一関市の活動を見ると、観光にはしり過ぎているきらいが強い。電柱、電線を地中化して目線からはずすとか、舗装道路をチップ舗装にして七〇〇年前の「なにもない」景観に復元するなどの努力を怠っているので、ある種怒りに似た感情さえ覚えている。

また、絵図に描かれている「骨寺跡」を確定しようとして、手当たり次第に発掘し景観や生態系を無視して自然破壊を行っている博物館の姿勢も残念と言わざるを得ない。聞くところによると、当初から私たちと活動を共にした吉田敏広國學院大学教授も本寺地区から手を引いているとのこと、本寺地区への一関市の関与が偏っているせいで吉田教授が撤退したのでなかったら良いのだが。

今回の地名についての小考は、実は十五年前に書いたものである。現在の本寺地区への市の施策を改めさせるためにも、一関市民の多くが関心を持つ必要があると思い、お蔵入りしていた論文を世に出すことにした。二十五年前に始まった顕彰活動の原点をみんなで見つめ直し、初心に返って新たな活動を再スタートしてほしいものである。

「四度花山」と「図張」

本寺地区の地名はかつて中尊寺領だったという歴史を踏まえて解釈されやすい。しかし、筆者が現地や近隣の地名を調査した限りでは、むしろ自然地形からの地名と理解したほうが良いと思われるものが多かった。

そこで、地名縁起を持ち、しかも骨寺村絵図の解明に関わるような地名をここに若干紹介する。

四度花山《しどけやま》（図①）について『須川・本寺風土記』（三十九、四十ページ）は次のように記す。

小猪岡《こいのか》にあり、磐井川に接している。平泉野の大日山の僧が「四度加行《しどけぎょう》」をこの場所でおこなった。身を清め一週間の断食をしたという。（中略）四度花山はこの「四度加行」に由来するという。また、一説には、その昔、この土地に古い桜があり、年に三〜四回も花を咲かせたという。それでこの地名がついたともいわれる。

この地名縁起は二説が紹介されているが、一つは「四度」他は「花」という漢字表記にひきずられていることは明白である。現在の地名研究では、漢字表記が元来の意味を持たない例が多いことから、それにとらわれないことが研究の常道になっている。そして、全国に分布する同音の地名を収集し、比較検討し、もともとの語源をさぐる作業が進められている。

「シト」「シド」は奥羽山脈のようなもろい地質の場所に多い地名である。胆沢川の上流の石淵ダム付近で合流する尿前《しとまえ》川、花巻市の温泉地の志戸平《しどだいら》、雫石川の支流で御所湖の上流にある志戸前《しとまえ》川などは、いずれも深く地面が切り込まれている峡谷やそこを流れる川である。

「シト」ないし「シド」は形容詞「シドケナシ」などを語源とし、乱れた様子、すなわち崩れやすい断崖を指す（注1）という。さらに「シト」は湿地を指す場合（注2）もある。峡谷の出口付近は、山の斜面からの湧き水も多く、こちらの意味が強い地名もある。奥羽山系のシトの名前が付く地名は湿地ともろい地質の両方の意味を表している例が多い。(この地名をアイヌ語で説くのも有力である)

この地名で最も有名なのは宮城県鳴子町の江合川の上流、鳴子峡谷にある「尿前《しとまえ》」である。ここは、江戸時代、関所が置かれ、松尾芭蕉が「おくのほそ道」紀行で立ち寄ったことで知られる。芭蕉は「尿」という漢字表記にいたく興趣し、そこの関所の役人宅に泊まった際、「蚤虱馬の尿《しと》する枕元」と詠じている。

「ケ」は様子を表す接尾語なので、「シドケ」は岩が崩れやすく、しかも湧き水が多いところということになる。

元来、密教の修法の一つである「四度加行」は、十八道、金剛界、胎臓界、護摩の四法を一まとまりのものとして伝授する修行である。四度花山がもし、修行の場から名付けられたとするならば、周辺に関係する地名が残るはずである。なぜなら四度加行は極めて専門的な行なので、その階梯が当然、地名に残るはずだからである。四度花山にその痕跡がないということは、そこに寺院がなかったということで、言い換えれば、四度加行がその地名の根源ではないということである。山全体を指す言葉には仏や菩薩の名前が付けられる例が一般的で、そういう観点からも「シドケ」が四度加行から来たという可能性は薄い。

同じことは、本寺にある**図張**《ずばり》（図②）地名についてもいえる。『須川・本寺風土記』の三十七ページに図張について「平泉野に大日山中尊寺を建立するときに、この場所で図板を引いたので、こう呼ばれるようになった」と地名由来を説明している。しかし、肝心の中尊寺の場所さえ特定できていないのに、設計図を書いた場所が特定できるというのは不自然である。

これは、中尊寺伝承を知っていた人がズバリという聞き慣れない地名の表記をする際、伝承を連想し「図張」という漢字をあてたと考えるほうが自然である。

ズバリは自然地形で狭まったところという意味の、スバル（窄）の連用形が訛って「ズバリ」となった可能性がある。

また、もう一つの可能性として地《じ》すなわち地面が、磐井川に向かって張り出しているという「地《じ》＋張《は》り」が考えられる。東北地方のナマリは、ジとズが混同するので、元々はズバリでなくジバリだったかもしれない。ジバリは大地を主にした見方、スバルは峡谷の幅という目線のものであり、どちらとも言えない。似た用例を探して確定するしかないであろう。

以上の二つの地名は、『安永風土記』に載る大日山中尊寺の伝承に影響され、漢字表記がなされたものだろう。

このように本寺地区は、歴史に結びついた伝承が多いため、ほかにも郷土史家たちをまどわせている地名がたくさんある。磐井川上流の砂防ダム・矢弼《やびつ》ダムのすぐ下流にある**牛首戸**《うしくびと》（図③）もその一つである。現在、矢びつ温泉瑞泉閣がある瑞山の磐井川対岸で、山王窟などの岩盤の崖が続く一帯を、ウシクビトと呼んでいる。ここに押し寄せたヘイダの軍勢（坂上田村麻呂の軍勢との言い伝えになっている）に対し、鬼と化した大武丸の一族が、大きな柵をつくって防戦した。そして、その柵に頑丈な門をつくり、大きな扉に怒りに目を向いた牛の生首を魔除けにつり下げ、田村麻呂の軍勢を威嚇したという伝説（『須川・本寺風土記』十五、十六ページ）のところである。

ウシの付く地名は全国的に多くみられるが、語源があまりはっきりしない地名の一つである。多くの場合、「牛」に表記される。ところが、実際はウチ（内）やフチ（縁）が転じて表記された場合が多いといわれる（注3）。ただ、形容詞的に使われる場合、牛の首状という意味にとって良いと思われる。

一方「クビ」はクビレル（萎縮する）の語幹クビの可能性が高く、急崖を指すのでは

ないかといわれる。クビと同義の呼称「コベ」「コウベ」「カベ」が付く地名は江刺市の

人首川、花泉町の首摺、金成町の有壁などで、本寺の「クビ」もこの例に該当すると思われる。

「ト」は場所を示す接尾語である。このことから本寺地区の「ウシクビト」は牛の首状になっている狭長な尾根のあるところと理解するのが最も妥当だろう。

中新田町の牛ヶ首沼地や白石市の牛縊《うしくびり》など全国的に牛の付く地名は多い。このようにかなり普通にみられる地名でも、狭い地域の中だけで物事を判断する人たちにとっては奇異に映る地名らしい。クビを生首に結びつけ、産鉄部族、古代人の風俗などに関連させるむきがあるが、ディレッタンティズムの極みといわなければならない。

『安永風土記』の旧跡の条に「中尊寺跡の下　**柳の里**」という記述があり、これについて平泉の柳之御所跡の「柳」を連想し、語源をそこに結びつけている人もいる。これは西行法師に仮託されている『選集抄』（注4）に載る「捌の里」（異本では捌の里）のことだと思われるが、捌と捌とは同義の異体字で、中国の公文書では数の八にかえて使われている（これを大字という）ことから捌は捌の誤りと思われる。

捌（呉音ハチ、漢音ハツ、慣用音ベツ）が地名に使われるときは「さばく（商品を

売り片づける)」という意味の方言「ハク」の連体形「ハケ」のことと考えられ、岨、峡、八景(注5)などと同じく崖を指すことが多い。人によっては、これはアイヌ語の「パケ」が語源であるとしている。柳田国男は「ハッケまたはハケは東国一般に岡の端を表示する普通名詞(注6)」と言っている。

ともあれ、地名の成り立ちを知らず、漢字の表記にふりまわされ、古代の朝鮮や九州の氏族などに結びつけ、本寺地区が他の農村とは異質の地域であるかの説を強調することは、決して本寺地区の真の歴史解明に役立たない。かえってさまたげになるといってもよい。

中世のどこにでもあった荘園風景が現在の本寺に残されている、それを中世の二葉の地図が示しているということが重要なのである。

本寺と崩壊地名

本寺地区は、崩壊地名が多い。『安永風土記』の屋敷名に「**梅木田屋敷壱軒**」と書かれている。梅木《うめき》は、埋まったところ、埋めたところという意味である。昔の人は地形とその変化を実によく観察していたものだと感心させられる。もう一度、絵図の周辺地名を検討してみると、そのことがさらに実感できる。

鞍掛沼《くらかけぬま》（図④）のクラカケも全国いたるところにみられる崩壊地名である。クラは崖のことで、鞍のほか倉、蔵、座などと表記される。本寺周辺にも長倉、栃倉、鍋倉などクラの付く地名が多い。

カケは崩れた崖の意味で、欠、掛、懸などと表記される。鞍掛沼は、牛首戸同様、法螺貝（地元の大武丸や鬼に見立てる）とヘイダ（坂上田村麻呂のことをさすという）の争いを地名縁起として持っている（『須川・本寺風土記』十二〜十四ページ）。一関市は坂上田村麻呂を遠祖とする中興田村氏（注7）が藩主の地だけに、鞍を付けた馬を坂上田村麻呂のものとする図式ができやすい。

これに対し、前九年の戦いが意識されやすい胆沢郡胆沢町の鞍骨《くらぼね》では、八幡太郎義家の伝説と結びついている（注8）。伝説は各地の歴史的背景と分かち難く結びつくのである。しかも、牛首戸、鞍掛沼など早くから修験者が入り込んだと思われる場所では、山岳信仰との関わりを今でもうかがわせる地名伝説が残っている。法螺貝とヘイダという修験者の持ち物を伝説の中にとりいれているのは、その良い例である。

ともあれ、伝説に登場する人物とそのあり方については、民衆史的な視点で別に論ずる必要があろう。

真湯温泉に向かう国道三四二号沿いの磐井川べりに猿《さる》っ跳《ぱね》（図⑤）という地名の場所がある。断崖がそそりたち、川が狭まっているところである。「サル」の付く地名は和語では代表的な崩壊地名で、「パネ」も同じく崩壊しやすい崖地を表す。胆沢町の猿岩《さるいわ》、新潟県の関川流域・板倉町に猿供養寺として信仰されているところも、その有名な例である。

猿っ跳は「野猿たちが猿はしごをつくって川を渡った」（『須川・本寺風土記』八十五、八十六ページ）という伝承を持つが、もちろん単なる地名縁起に過ぎない。付近の須川岳（別称栗駒山）に続く山並みに笊森《ざるもり》（図⑥、標高千三百五十六ｍ）があり、これも、一帯の崩れやすい岩盤を古代人が意識し、サルと同義のザルと命名したと考えられる。

一方、遠野市を流れ花巻市で北上川と合流する猿ケ石川の「サル」地名は、北海道の二風谷を流れる沙留川同様、湿地を示す。胆沢郡前沢町に登満羽毛《トマンパケ》という地名（屋敷名）がある。トマムは北海道の伊達市にある湿地を示す地名で、この言葉と結びついているので、パケも湿地に隣接する崖地を指すアイヌ語地名であることは明確である。したがって、

「猿っ跳」は当初、和語系の可能性が強いと考えていたが、アイヌ語地名である可能性のほうが強いと最近は考えている。

一関市厳美町に**市野野原**（図⑦）、同萩荘に**市野野川**（栃倉川と合流して久保川となる）がある。イチノノは、イチ（厳しい意味のイツの転化）＋ノ（助詞）＋ノ（野原の意）で、深い渓谷を切り込んだ川が初めて川べりに河岸台地を持つところをいう。これも崩壊地名に近いものといえる。胆沢川上流にも同じ地名がある。奥羽山脈のもろい地質を浸食して流れる磐井川と胆沢川流域に同じ市野野があり、さらに猿っ跳、猿岩というサル地名があるのは決して偶然ではない。

かつて、土石流災害が起こり問題となった長野県小谷村の下流の姫川流域も崩壊しやすいところで、その近くの糸魚川市にもやはり市野野というところがある。ここはフォッサマグマパークがある所として知られる。似ている地形・地質の場所には、このように同じ地名が付けられる。

宇那根と馬坂

本寺地区周辺には自然地名が多いので、『骨寺村絵図』の中においても当然同じことがいえる。そこには宇那根社《ウナネ》、鎰懸《カギカケ》（注9）、馬坂《マサカ》新道など、現在でも全国で一般的にみられる地名や神社が記されている。

宇那根社は仙台市青葉区芋沢、同区折立にあるほか、日本地名研究所発行の「地名談話室」六号の報告にあるが、全国に流布している水神をまつる社である。本寺地区を含む北上川中流地帯では、現在は宇那根社はなくなり、その発展形と考えられるウナン（宇南、有南）あるいはウンナン（雲南、運南）となっているのが特徴である。「安永風土記」本寺の屋敷名に宇南屋敷三軒とあることから、近世においては、村全体の信仰から離れ、各屋敷の氏神的な形でまつられていることがわかる。

カギカケは奥羽山脈に多い地名でガンカケ、シラガケといったりもする。紫波町を流れる滝名川の上流・山王海ダムをさらにさかのぼり、紫波町と雫石町の境にある鍵掛峠などの「カギ」は岩や崖を意味し、「カケ」は崩れた崖、崩れやすい崖を指す。道沿いにある巨石は、胆沢町の猿岩のように、信仰の対象になりやすい。青森県佐井村のカギカケでは、今でも毎年六月の第一日曜日にこの岩をご神体とするガンカケ祭が行われている。各地の巨石信仰は、後には不動明王の信仰と結びついたりするが、カギカケの他、ホウリョウ（注10）、ホウリュウ、ホロウ（注11）などの名前で原初的な信仰が残されている。

この中でも、カギカケは二股になったカギ状の木枝を鳥居などに掛けて吉凶を占う神占と結びついたため人目につきやすく、菅江真澄（注12）も注目し、その遊覧記（注13）に数多く紹介されるところとなった。

菅江真澄が注目した神占が『骨寺村絵図』のカギカケでも行われていれば、絵図に何かが記されているはずで、それがないので、真澄の書き残した神占は中世前期には行われていなかったのであろう。カギカケの神占は、おそらく、地名のカギカケを鍵掛と表記したことからゴロ合わせで比較的新しい時代に生まれたのであろう。絵図はこうした地名と信仰の関わりを示す点で重要なのである。

馬坂新道の「マサカ」は単に坂をいったものである。マは接頭語で、漢字で表すときは真、馬、間などの字が多く使われているが、漢字にはもともと意味がない場合がほとんどである。本寺地区の「マサカ」も表記が変わり、「安永風土記」では真坂となり現在にいたっている。衣川村の真打（マウチ）川、花泉町金沢の馬骨（マノホネ、ンマノホネ）、一迫町の真坂（マサカ）などいずれのマも接頭語であり、漢字表記にとらわれて特別の意味を付与したりしてはいけない。

「ホネデラ」の由来は？

骨寺村は『安永風土記』では、五串村《いつくしむら》瑞郷《はしのごう》本寺となっている。それより四百ないし五百数十年前の平泉文書では「骨寺」と書かれているので、江戸期に「骨」が「本」という好字に改められた可能性が大きい。

骨が「コツ」と呼び慣らされていれば、古都、古津などの漢字が当てられるのが普通だが、そうならずに「ホン」デラとなったことは、好字に改められたとき、骨は「ホン」という音に近い「ホネ」と呼ばれていたのであろう。

しかし、だからと言って、中世においても、中尊寺経蔵別当領であった骨寺村を「ホネデラ」と呼んでいたとは必ずしも言い切れない。

相原友直（注14）は『平泉雑記』の中で骨寺について、「東鑑（現代語訳がなされている吉川本以外の版本だったと考えられる）古津天良ト訓ゼシハ誤ナルベシ。（略）何レノ時ヨリカ骨ノ字ヲ改メテ本ノ字トナシセン。中尊寺ニ伝フル古文書ヲ以テ考レバ百一代後小松帝ノ至徳年中マデハ骨寺ト書リ。（略）岩井郡モ昔夷賊ノ徘徊セシ地ナレバ、骨寺トイヘルモ此類（気仙郡猪川村龍福山長国寺の伝説のこと）ナランカ」と述べ、坂上田村麻呂の鬼退治の伝説を根拠に、骨寺の骨は人間や鬼の骨から来たものとしている。

この主張は現代の郷土史家と同様、伝説を歴史的事実とみなすもので、信ずるに足るものではない。しかし、友直が否定した『吾妻鏡』に「古津寺《コッテラ》」という表記があることは注目に値する。なぜなら、『吾妻鏡』に書かれた時代には、骨寺を「コッテラ」と呼ぶのが一般的だったか、あるいは少数派であってもそういう呼び方も存在していたことを示す史料だからである。

このほかにも、少なくとも中世初期には「コツ」と呼んでいた地名が二つある。

一つは、お隣り栗原郡の古名である。かつては、『続日本紀』に記されている伊治公呰麻呂の乱（宝亀十一年＝七八〇）で知られる「伊治」という地名である。従来、これを「イジ」と読むのが一般的だったが、近年、発掘調査の結果、出土した漆紙文書（注15）に

「此治」と書かれていたことから、イジではなく「コレハル（リ）」と読むのが正しいと考えられるようになった。

「治」は「ハリ」「ハル」と読む地名用語で、台地、大きく開墾した場所という意味と、榛名山《ハルナサン》などのような崩壊地形を示す意味などが考えられている。また、コレはコリが転化したもので、岩がゴロゴロしているところの意味という。したがって、此治あるいは伊治は「コリハル」「コレハリ」「コレハル」などと呼ばれ、その音が転じてクリハラ（栗原）になったと思われる。

栗原の古名、此治の「治」の意味については確定できないものの、国道四五七号沿いの地形から見て、「コレ、コリ」が岩がゴロゴロしているところという意味は動かしがたいと思われる。

それに関連して筆者が注目しているのは、コリ（凝）＋ツミ（積）の合成語の「コヅム」（古くはコツムか）の語幹「コツ」という地名である。これは急傾斜地を指すといわれる。本寺の真坂から山王窟に続く山並みは岩盤でできており、栗原郡の山々と同様の地質といってよい。こういうことから考えても、おたがいに隣り合った栗原郡と本寺で「コリ」地名と「コツ」地名が存在した可能性はおおいにあり得る。

骨寺の骨《ほね》は忌むべきものとして、ある時期から地名表記の上で抹消され「本」に代えられてしまうが、中世に描かれた絵図や伝承には、「骨」の記憶が残されている。

次に紹介する宮城県中田町の遮那山長谷寺（天台宗寺門派）の縁起は隠された地名「コツ」を彷彿させる資料である。縁起全体は比較的新しい時代にまとめられたと想定されるが、部分的に古い伝承を利用しているとも考えられる。

この縁起の葛西治下の時代にいたるまでの伝承構造と、寺に関わる歴史的事件は以下の通りである。

①　天平宝字六年（七六二）　藤原朝猟が検地のため現在の長谷寺の山に登り、この地に笏を納めて蝦夷鎮圧を祈願した。以来、この地を「**笏山**」と称するようになった。

②　神護景雲二年（七六八）　勝道上人がこの地に遮那山法誓寺を建て、鎮守として白山社を勧請した。

※宝亀十一年（七八〇）　伊治公呰麻呂の乱

※延暦二十年（八〇一）　胆沢城築城（延暦二十一年とする年表のほうが多い）

③　大同　二年　（八〇七）　坂上田村麻呂が十一面観音を安置し、遮那山長谷寺と改める。
④　保安　三年　（一一二二）　藤原清衡、現在の愛后大権現を勧請、自在房蓮光に命じ社殿を造営、六貫文の地を寄進（これが今の寺田という）
⑤　文治　三年　（一一八七）　源義経が長谷寺を訪ね、一寸八分の金銅大日如来を寄進。
⑥　文治　五年　（一一八九）　葛西清重が外護になる。

以上見てくると、①は桃生城を築いた藤原朝獦、③は蝦夷を鎮圧に来た坂上田村麻呂というように、中央勢力との結びつきを強調しようという意図が、この縁起成立の背景だと考えられる。（ただし、桃生城築城のとき、この地が藤原朝獦と全く無縁だったとは言い切れない）

④⑤は、この山を事実上、現在にいたらしめる基礎をつくったとみられる奥州藤原氏のことを記している。注目すべきは、骨寺村の領主・中尊寺の経蔵別当自在房蓮光がここにも顔を出していることである。

源義経伝説は遮那王という幼名とこの山の名前とが結びついてその連想からつくられた

ものだろうが、藤原氏との関係を考えるとあながち、単なる伝説と否定できないものがある。

ともあれ、この地は北上川流域の要衝であり、早くから舟運の拠点の一つとして開発されてきたことは間違いないだろう。しかし、奥州藤原氏が手を着ける以前の開発の歴史は十二世紀にはすでに記憶から薄れかかっていたものとみられる。

このような状況下なら、一般的な縁起では、③に伝えられている坂上田村麻呂から始まる縁起をつくりだすのが普通だが、清衡時代は日光修験が平泉政権と結びついて白山信仰を定着させていたため、日光修験の祖といわれる勝道上人との関係を②の形で田村麻呂以前に持ってきたものと思われる。

さらに八世紀には、近くの涌谷から金が採掘され始め、その開発にこの山も巻き込まれたことは想像に難くない。その漠然とした記憶が①の形で残されたのではないだろうか。もちろんその記憶で重要なのは朝猟にあるのではない。おそらく彼は、この山が古くから開発され、信仰されてきたことを示すための、いわば中央権力志向のひとつのシンボルとして引っ張り出されたに過ぎない。

長い開発の歴史の中で消し難いものは地名である。①で重要なのは、そこに記された

「笏山」という地名なのである。①で朝猟が登場するのは「笏」が「シャク」と訓じられたことによる。これは衣冠束帯のとき、右手に持つ笏が高級官人の朝猟と結びつけられた結果ではないかと思われる。

つまり、かなり後の縁起をつくる段階まで、古代の地名「笏《こつ》」が文字で残っていたが、遮那山とか長谷山などと称されてから、そちらの呼び名が優位となり、「笏」の音が失われてしまった。そして、縁起製作者が、当時一般的な訓みの「シャク」と理解し、束帯のシャクとの関係の縁起をつくってしまったと考えられる。

笏は『和名抄』に記されているが、元来は「コツ」と発音したのである。しかし、その音が「骨」を連想させることからコツと呼ぶのを避け、笏の長さが一尺であることから「尺」と同音のシャクに呼び替えた。現在でも禅宗僧侶は笏を古音で「コツ」と呼んでいる。したがって、縁起に書かれている「笏山」は「コツノヤマ」と訓ずべきなのである。

以上、二例を挙げてみたが、この例から中世骨寺村の「骨寺」は「コツノテラ」と呼ばれた可能性もないわけではない。絵図に描かれている「骨寺跡」「骨寺堂跡」の骨もまた同様である。

骨寺はどのような性格の寺だったか

コツないしホネという地名の東側斜面で水が滲み出す付近を「平泉野《へいせんの》」と言ったのであろうが、現在はその地名が山全体を覆ってしまっている。

絵図には骨寺が、この平泉野付近にあるかに描かれている。しかし、この寺は実際に存在したのだろうか？　たしかに堂跡に礎石らしきものが描かれているが、だからといってそれを実在の証拠とみてよいのだろうか？　当時の絵図製作者が、そこに寺があったという伝承を踏まえ、書き込んだことも考えられるのではないか。

骨寺をもともと「コツノテラ」と呼んだと考えると、それは「コツ（骨）」という地名の場所に寺があったという伝承を、絵図製作者が「骨寺（堂）跡」として、かつてコツと呼ばれたであろうと考えられる場所に書き込んだということになる。

また、「ホネ」と発音していたと考えても同様のことはいえる。群馬県黒保根村のように高く秀いでた山をホ（秀）（穂）・ネ（根）と呼ぶ例は多い。したがって平泉野一帯の山を「ホネ」と呼んでいたことも考えられる。

一方、実際に骨に関わる伝承が骨寺という存在をつくり出したことも考えられる。平泉野一帯は縄文時代の遺跡で、かつては表面採取で縄文土器の破片が多く出た。私も、採取したことがある。

縄文遺跡で骨らしきもの（動物の骨など）が発見されることもめずらしくない。かつて、住民が、縄文土器の破片を瓦の破片と考え、さらに骨らしきものが出てきたことで、この近辺に墓地と寺があったと言い伝えることになったとも考えられる。

こういういろいろな可能性が考えられ、これについての結論は今のところ、われわれが依頼し進めている調査とその後の粘り強い継続調査の結果を待つしかない。

ただ、絵図の「骨寺（堂）跡」付近とみられる場所のほど近いところに童子《どうじ》という地名が残っていることに注目したい。ドウジという地名は東磐井など岩手県内の各地に残されており、司東真雄は古代寺院の「道寺」の転化の可能性が大きいと述べている。私もその説にしたがい絵図の骨寺跡に古代寺院（といっても火葬、埋葬時に使用した小さな庵程度か？）が存在したと考えたいが、調査結果が出ておらず現時点では何ともいえない。科学的な調査によって、解明できる日を待ちたい。

注1　楠原佑介、溝手理太郎編「地名用語語源辞典」の説を採る。
注2　「民俗地名語彙事典」の説を採る。
注3　注1に同じ。
注4　十三世紀半ばまでにはつくられていたという。
注5　藤沢町にこの表記の地名がある。
注6　柳田国男「地名の研究」
注7　伊達政宗の正室・愛姫の遺言により孫の宗良が愛姫の実家（三春城主田村氏）の姓を継ぎ岩沼三万石の領主となる。宗良の子・建顕のとき、天和二年（一六八二）に一関に所替えとなり、以来廃藩まで一関藩三万石の領主となる。
注8　十六年前、筆者が地元の婦人より入手。
注9　現在はやはり急崖を意味する「シラガケ」と呼んでいる。花泉町永井にも同じ白崖がある。
注10　靈龗、豊龍、宝量、法領などと表記する地名。小高い岩山につけられる。落雷伝説を伴っている場合が多く、岩山から浮き出す水を神にみたてた名称と考えられる。社として残っている典型は盛岡市手代森の法領神社であるが、多くの社は残らず、地名としてのみ存在している。秋田では「ホウリュウ」と呼ぶことが多いが、この呼び方は新しいと思われる。
注11　藤沢町の保呂羽のように、アイヌ語説が定説となっていたが、その類型を比較してみるとむしろ「ホウリョウ」の原形と考えたほうがよさそうである。
注12　一七五四頃〜一八二九　三河の人エゾ地や北東北各地をめぐり「遊覧記」や随筆、絵画など、北東北の地誌や風俗を書きとめ、後世に貴重な資料を残した。角館で逝去した。

注13 「奥の浦うら」「外が浜づたひ」「牧の朝露」「外浜奇勝（三）」「津軽の奥（二）」などで取りあげている。いかに真澄がカギカケに興味を持ったかが知れる。

注14 一七〇三～一七八二　気仙郡高田村生まれ。医業のかたわら郷土史を執筆、「平泉旧蹟志」「平泉雑記」などを著す。明和四年（一七六七）以降は現一関市赤荻笹谷に住す。彼の見た『吾妻鏡』は、北条本だったと考えられる。現在は吉川本のほうが信頼性が高いとされ、北条本などはかえり見られなくなった。しかし、地名などで北条本など他本も参照すべき点は多々あるのではないかと思う。

注15 平川南『よみがえる古代文書』（岩波新書）

《北上川流域の歴史と文化を考える会　主な活動経過》

H2・9・5　平泉「柳之御所遺跡」保存を緊急課題とし、まちづくりの観点から歴史遺産を考える「北上川流域の歴史と文化を考える会」を結成。千坂が会長に就任。

H3・2・24　第一回平泉シンポジウム「古代平泉の実像をさぐる」（於平泉町）を平泉文化研究会と共催。
講師：石井進（東大教授）、高橋昌明（滋賀大教授）、入間田宣夫（東北大教授）

H4・3・28　シンポジウム「平泉―その宗教と都市構造」（於一関市）を主催。
講師：斉藤利男（弘前大助教授）、伊藤清郎（山形大助教授）、菅野成寛（中尊寺教学研究所）

H4・6・21　第二回平泉シンポジウム「日本史の中の柳之御所」（於一関市）を平泉文化研究会と共催。
講師：高橋克彦（直木賞作家）、五味文彦（東大教授）、金丸義一（芝浦工大教授）、
小野正敏（国立歴史民俗博物館助教授）

H4・11・7　シンポジウム「奥六郡と磐井郡」―磐井郡の古代遺跡をさぐる―（於一関市）を主催。
講師：入間田宣夫（東北大教授）、伊藤博幸（水沢市教育委員会文化財係長）、
誉田慶信（山形東高）、国生尚（盛岡工高）
この会で入間田教授から本寺地区の重要性を指摘される。

H5・5・30　第三回平泉シンポジウム「蝦夷の大地から平泉の世紀へ」（於一関市）を平泉文化研究会と共催。
講師：谷川健一（日本地名研究所所長）、工藤雅樹（福島大教授）、
平川南（国立歴史民俗博物館教授）、斉藤利男（弘前大助教授）

H5・11・21　講演会「立石寺と骨寺」（於一関市）
　講師：誉田慶信（山形東高）、山口博之（山形県埋蔵文化センター）
H5・12　「柳之御所遺跡」保存決定。
この後、一関市での課題を「中世骨寺村絵図」の究明に移行。
H6・6・19　第四回平泉シンポジウム「十一、十二世紀みちのく世界―平泉、衣川、**骨寺**にみる人と物の流れ」（於一関市）
　講師：義江彰夫（東大教授）、吉田敏弘（國學院大教授）、誉田慶信（山形東高）
H6・9・17～21　中世骨寺村（現一関市本寺地区）絵図の調査を吉田敏弘國學院大教授に委託。以後毎年調査を継続。
H7・4　五日間にわたり骨寺村第二次調査、その後毎年國學院大学の調査が続く。
H7・7・29　シンポジウム「胆沢城と北上川」（於水沢市）を主催。
　講師：渡辺信夫（東北大名誉教授）、熊谷公男（東北学院大教授）、
　　伊藤博幸（水沢市埋蔵文化調査センター副所長）
H8・2・24　シンポジウム「川の文化―川をまちづくりにどう生かすか」（於一関市）を主催。
　講師：平山健一（岩手大学教授）、北川明（岩手工事事務所所長）、
　　新井偉夫（エコロジー研究所所長）
H9・7・20　北上川歴史回廊シンポジウム「北東北のアイデンティティとは何か」（於盛岡市）主催。
　講師：工藤雅樹（福島大教授）
平成10年以降は、一関藩家老だった沼田家屋敷の保存や色川武大氏の遺品活用を促す運動などを行う。
H24・5・22　歴史的使命を終えたの判断で会を解散。

あとがき

一関に戻り（仙台での教職を務めながら）阿修羅の如く地域おこしに励むうちに早くも三十四年の歳月が経過した。その間に種々指導して頂いた谷川健一氏、工藤雅樹氏、石井進氏、地元の仲間であった小池平和氏など多くの方が鬼籍に入り、ニセ古文書制作者の和田喜八郎氏、彼を支えた古田武彦氏もこの世にはいない。全てが諸行無常という霧の中に包まれている感が強いが、オカルト的な物を商売にしようという人は絶えない。

そういう連中のことは忘れていたいのだが、一関市の地域おこしに悪い影響を与えているし、ニセ古文書発信元の津軽地方で、ニセ古文書信奉者が本を出したとの情報が入り、このまま見過ごすわけにはいかないということで今回の出版となった。

いつも情報を与えてくれる大分県別府市の野村孝彦氏、古い資料を探し出してくれた一関プリント社、対談相手の齋藤隆一氏、加藤三穂氏、第三部の水沢区の地名について点検をしてくれた佐藤秀昭氏にお礼申し上げます。

なお、地名について種々指導してくれた谷川健一氏は、奥州市などという市名をつくることは、歴史に対する冒涜であり詐欺行為に等しいと常々憤慨していた。そのため、第三部の地名は全て平成の大合併前の地名で記すことにした。ご了承願いたい。

千坂げんぽう

千坂 げんぽう（ちさか・げんぽう） 1945年宮城県南郷町（現美里町）生まれ。翌年父の祥雲寺入山に伴い一関市で育つ。東北大学大学院文学研究科博士課程（この間休学し松島瑞巌寺で修行）中退。聖和学園短期大学（仙台市）講師、助教授、教授などを務める。1984年祥雲寺住職就任。1999年日本初の樹木葬墓地を開創し知勝院設立し住職就任。2006年宗教法人格取得。2007年久保川イーハトーブ自然再生研究所設立し所長。2011年知勝院住職退任。2014年祥雲寺住職退任。2009年法定協議会・久保川イーハトーブ自然再生協議会設立。会長として自然再生事業に取り組む。
著書：『樹木葬和尚の自然再生－久保川イーハトーブ世界への誘い』（地人書館、2010年）『樹木葬の世界－花に生まれ変わる仏たち』（編著、本の森、2007年）『樹木葬を知る本－花の下で眠りたい』（共編、三省堂、2003年）『五山文学の世界－虎関師錬と中巌円月を中心に』（論文集、白帝社、2002年）『だまされるな東北人』（共編、本の森、1998年）他多数。

だまされない東北人のために
―地域おこしにニセ物はノー！―

発行日　二〇一六年六月一日　初版発行
編著者　千坂 げんぽう
発行者　大 内 悦 男
発行所　本 の 森
〒九八四－〇〇五一
仙台市若林区新寺一丁目五－二六－三〇五
電話&ファクス　〇二二（二九三）一三〇三
表紙デザイン　羽倉 久美子
印　刷　株式会社 一関プリント社
岩手県一関市青葉一丁目七－二四
電話　〇一九一（二三）四五八六

ISBN978-4-904184-85-1
定価は表紙に表示してあります。
落丁、乱丁はお取り替え致します。